助動詞活用表

助動詞	接続	未然形	連用形	終止形	連体形	已然形	命令形	活用型	意味
り ※2	四已・サ未	ら	り	り	る	れ	れ	ラ変	①完了(…た・…てしまった) ②存続(…ている・…てある)
たり	体末	たら	たり／と	たり	たる	たれ	たれ	形容動詞	①断定(…である)
ごとし	体言	ごとく	ごとく	ごとし	ごとき	○	○	形容詞	①比況(…のようだ) ②例示(…など)
なり	体	なら	なり／に	なり	なる	なれ	なれ	形容動詞	①断定(…である) ②存在(…にある・…にいる)
なり	終 ※1（ラ変は体）	(なり)	(なり)	なり	なる	なれ	○	ラ変	①推定(…ようだ) ②伝聞(…という・…だそうだ)
めり	終	(めり)	(めり)	めり	める	めれ	○	ラ変	①推定(…ようだ) ②婉曲(…ようだ・…と思われる)
まじ	終	まじから／(まじく)	まじく／まじかり	まじ	まじき／まじかる	まじけれ	○	形容詞	①打消推量(…ないだろう) ②打消当然(…はずはない・…べきではない) ③不可能(…できない) ④打消意志 ⑤禁止(…するな) ⑥不適当
べし	終	べから／(べく)	べく／べかり	べし	べき／べかる	べけれ	○	形容詞	①推量(…だろう) ②当然(…はずだ・…べきだ) ③可能(…できる) ④意志(…しよう) ⑤命令(…しろ) ⑥適当(…がよい)
らし	終	○	○	らし	らし	らし	○	無変化	①(確かな根拠にもとづく)推定(…らしい)
らむ	終	○	○	らむ	らむ	らめ	○	四段	①(視界外の)現在推量(今頃は…ているだろう) ②(現在の)原因推量(どうして/～なので…なのだろう) ③現在の婉曲・伝聞(…のような・…とかいう)
けむ	連用	○	○	けむ	けむ	けめ	○	四段	①過去推量(…ただろう) ②過去の原因推量(どうして…たのだろう) ③過去の婉曲・伝聞(…たような・…たとかいう)
たし	連用	たから／(たく)	たかり／たく	たし	たかる／たき	たけれ	○	形容詞	①希望(…たい・…てほしい)

※1…ラ変型に活用する語（＝①ラ変動詞／②形容詞〔カリ活用〕・形容動詞／③ラ変型・形容詞型〔カリ活用〕・形容動詞型に活用する助動詞）の場合は、その連体形に接続する。

※2…サ変動詞の未然形、または四段動詞の已然形〔命令形〕に接続する。

JN114006

古文
レベル別問題集

5 上級編

東進ハイスクール・東進衛星予備校 講師
富井健二
TOMII Kenji

東進ブックス

◆はじめに

苦手な箇所を放置してわかりきった得意な箇所ばかりをやりたがってしまうというのが、入試直前期の受験生における顕著な傾向です。オールラウンドな知識を身に付けなければ合格の可能性は低くなってしまいます。入試では苦手な箇所が出題されるものだと常に考えることが大切です。そのために本書は難関私大合格に必要となる古文単語・古典文法・古文常識・作品常識など総合的に身に付けること[*1]ができるような良問[*2]を15題厳選しました。

本書「古文レベル別問題集⑤」は、全国のトップレベルの有名私大受験者が対象になっています。レベル④を凌駕する実力を養成する特別な問題集なのです。難関国公立大を受験しないつもりなら本書をやりとげた後、志望大学の問題にどんどんアタックしてもらっても構いません。

ただしその前に一言。どこで間違えたのか、文章がどこから読めなくなったのかをその都度確認しながら、学習を進めてください。ミスが生じた原因を冷静に見極め、二度と同じことを繰り返さないように強化するのです。ただ単に時間を計って問題を解き、正解か不正解かをチェックして次に進むというだけではいけません。本書が掲載作品のすべての品詞分解やそれに伴う解釈、問題の解法や古文読解の手順を掲載しているのも、自分自身の力でミスの原因を見つけることを可能にするためなのです。弱点を見極め補強し続けることができたなら、年が明けても受検の直前になっても絶えず実力を向上させることが可能になります。

また、古文の常識を広げ、古文の魅力にも気づいてほしいと願い、各章の最後にコラムを掲載しました。楽しみながら読み進めましょうね。

著者　富井健二

◆補足説明

＊1…重要な**古文単語**・**古典文法**の知識が読解の中で効率的に身に付くよう、【全文解釈】の脚注に掲載しました。

＊2…内容やジャンルにおいて得手不得手が生じないように、**様々な形式の問題**を偏りなく取り上げました。

❷ 本書の特長──「主要28大学×10年分の入試分析結果」をもとにした問題集──

この「古文レベル別問題集」制作にあたって、我々は東京大学の古文サークルにご協力いただき、かつてないほど大規模な大学入試問題分析を敢行。主要[*1]28大学計277学部の入試問題を各10年分、合計「約[*2]1000題」を対象として、次の3点について分析・集計を行ないました。

【大学入試の分析ポイント】

① 出題された問題文の出典（作品名）・ジャンルは何かを集計[*3]（結果は左図参照）。

② 問題文中の傍線部や空所に入る語句をすべて品詞分解し、そこに含まれる文法・単語を集計[*4]。

③ 傍線部・空所以外にも、解答に直接関わる文法・単語等を集計。

入試で問われる（＝覚えておけば得点に直結する）知識は何なのか。個人の経験や主観ではなく、極めて客観的・統計的な大規模調査を行ない、その結果を本書に落とし込みました。

受験生が古文に割くことのできる限られた時間を、実際はほとんど出題されない知識の修得に費やす。従来のそういった古文学習の悪癖を払拭し、本当に必要な知識だけを最短距離で身につけるための問題集であるという点が、本書最大の特長です。

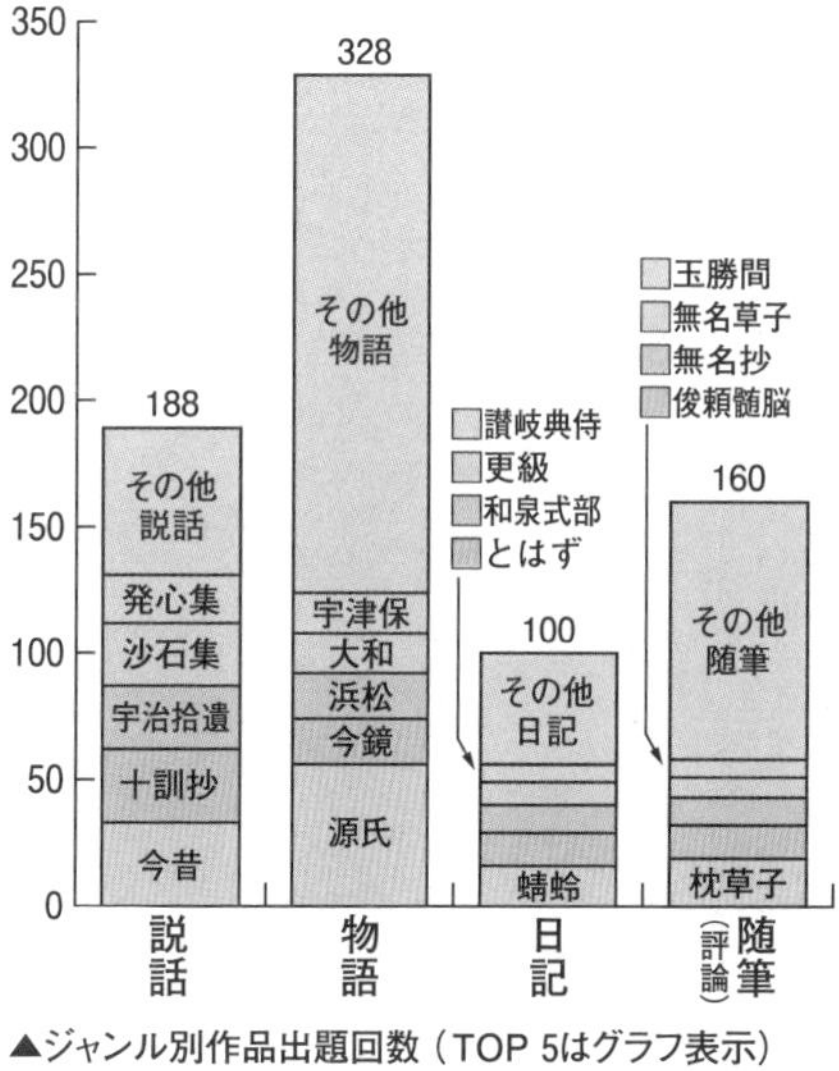

▲ジャンル別作品出題回数（TOP 5はグラフ表示）

◆補足説明

＊1…本書5頁の表における「偏差値60以上」の旧七帝大・上位国公立大・難関私大・有名私大。共通テスト（センター試験）は約30年分を分析。

＊2…古文の出題がない学部や、同大学における複数学部共通問題の重複分を除いた正味の問題数。問題文として出題されている一つの出典を「1題」として集計。

＊3…説話・物語・日記・随筆（評論）の主要作品について出題回数を集計。この4ジャンルの主要作品に含まれないものはすべて「その他の作品」として計上（上図では非表示）。

＊4…文法は、助動詞28語・助詞56語それぞれについて、用いられている意味や用法ごとに出題数を集計。語の識別や敬語についても出現数を集計。単語は「語義別」にそれぞれ出現数を集計。

❸レベル⑤の特徴

【こんな人に最適】

❶共通テスト〔古文〕で満点を目指す人

❷有名私大の古文で「9割以上」を得点したい人・上位国公立や最上位難関国公立大受験で古文を得点源にしたい人

❸難関私大合格のために古文で「7割5分以上」[*1]を常に得点したい人

▼レベル⑤の位置付け

古典文法や古文単語について難関私大の問題にも対処できるような設問を掲載しました。古文読解（読解法・古文常識）についても、レベル②→③→④と高めてきたものを、レベル⑤ではさらに高い領域まで至らせることを目的とします。加えて各章のすべてに文学史の問題を設けることによって、文学史の対策だけでなく総合的な作品常識[*2]の強化を目指します。レベル④よりさらに様々な問題への対応度を高めるように工夫してあります。

▼レベル⑤で身につく力

単に古文単語と古典文法を身に付けるだけではなかなか正解しないような難問や、内容を把握することの困難な作品でも対処が可能になります。難関私大の問題は非常に本文が長く内容の難しいものが含まれ、制限時間が短めのものも多いので、できるだけ早く正確に内容を理解、解答する力[*3]を本書で身に付けていきましょう。また、苦手な人が多い和歌の問題も十分に取り上げていますので、これらの対策も万全にできるようになっています。

◆補足説明

＊1…一般的に7割得点できれば合格します。

＊2…これによって**前書きや(注)に内容理解のヒントの少ない、文系難関私大特有の問題にも対処できる**ようになります。

＊3…有名大よりもハードルが高くなるのが難関大ですが、本書では本格的な単語力・文法力・読解力（古文常識・作品常識を含む）を修得することによって難なくクリアできる力が身に付く仕組みになっています。

●単語・文法も同時増強！

本書の**【全文解釈】**では、文中に出てきた重要な単語や文法をその都度脚注でチェックできるため、読解力と同時に単語力・文法力も高めることができます（☞7頁）。

※重要文法は巻末にも掲載。これだけしっかり覚えておけば、とりあえず大丈夫です。

【志望校レベルと本書のレベル対応表】

※東進主催「共通テスト本番レベル模試」の受験者（志望校合格者）得点データをもとに算出した、主に文系学部（前期）の平均偏差値（目安）です。

難易度	偏差値	志望校レベル 国公立大（例）	志望校レベル 私立大（例）	本書のレベル（目安）
難	～67	東京大，京都大	国際基督教大，慶應義塾大，早稲田大	⑥最上級編
	66～63	一橋大，東京外国語大，国際教養大，筑波大，名古屋大，大阪大，北海道大，東北大，神戸大，東京都立大，大阪公立大	上智大，青山学院大，明治大，立教大，中央大，同志社大	⑥最上級編，⑤上級編
	62～60	お茶の水女子大，横浜国立大，九州大，名古屋市立大，千葉大，京都府立大，奈良女子大，金沢大，信州大，広島大，都留文科大，横浜市立大，防衛大	東京理科大，法政大，学習院大，武蔵大，中京大，立命館大，関西大，成蹊大	⑥最上級編，⑤上級編，④中級編
	59～57	茨城大，埼玉大，岡山大，熊本大，新潟大，富山大，静岡大，滋賀大，高崎経済大，長野大，山形大，岐阜大，三重大，和歌山大，島根大，香川大，佐賀大，岩手大，群馬大	津田塾大，関西学院大，獨協大，國學院大，成城大，南山大，武蔵野大，京都女子大，駒澤大，専修大，東洋大，日本女子大	⑤上級編，④中級編，③標準編
	56～55	共通テスト，広島市立大，宇都宮大，山口大，徳島大，愛媛大，高知大，長崎大，福井大，新潟県立大，大分大，鹿児島大，福島大，宮城大，岡山県立大	玉川大，東海大，文教大，立正大，西南学院大，近畿大，東京女子大，日本大，龍谷大，甲南大	④中級編，③標準編，②初級編
	54～51	弘前大，秋田大，琉球大，長崎県立大，名桜大，青森公立大，石川県立大，秋田県立大，富山県立大	亜細亜大，大妻女子大，大正大，国士舘大，東京経済大，名城大，武庫川女子大，福岡大，杏林大，白鴎大，京都産業大，創価大，帝京大，神戸学院大，城西大	③標準編，②初級編，①文法編
	50～	北見工業大，室蘭工業大，職業能力開発総合大，釧路公立大，公立はこだて未来大，水産大	大東文化大，追手門学院大，関東学院大，桃山学院大，九州産業大，拓殖大，摂南大，沖縄国際大，札幌大，共立女子短大，大妻女子短大	②初級編，①文法編
易	-	一般公立高校（中学レベル）	一般私立高校（中学～高校入門レベル）	①文法編

●志望校別の使用例

▼古文が苦手な人…必ずレベル①で文法を固め、②で読解法の基礎・基本を固めましょう。その後は、各自の目標とする志望校レベルに応じて、レベルアップしていきましょう。

▼「古文は共通テストだけ」の人…文法知識があやふやであれば、レベル①～③を学習し、後は過去問や実戦問題に取り組みましょう。文法はほぼ完璧という人は、②・③だけでも結構です。

▼第一志望が「明青立法中／関同立」などの有名私大の人…古文を基礎から始めて高得点を取りたい人は、①～⑤までやり切りましょう。基礎が固まっている人は、③～⑤を学習しましょう。

▼第一志望が「旧七帝大」などの国公立大の人…共通テストから二次試験の記述・論述まで対策するため、レベル③～⑥をやりましょう。時間がない人は、③と⑥だけやり、後は過去問を徹底しましょう。

❹本書の使い方

本書の使い方は極めてシンプル。左図の番号（❶～❻）どおりに、問題を解いて、解説を読んでいくだけです。問題文は第1回から第15回まで、全15問あります。一流ナレーターによる問題文の「**朗読音声**（↙🔊）」も付いていますので、**音声を聴きながら【全文解釈】を見る**だけでも、古文の内容がその情趣と共に理解できるでしょう。古文の**音読**も読解力の向上に有効です。

❶ **問題文**
主に有名私大や難関私大で出題された過去問の中から、「レベル⑤」の問題として最適な良問を厳選して収録しています（＊1）。

❷ **設問文**
問題文の直後にある設問と選択肢は、「読解のヒント」の宝庫です。問題文を読み始める前に、必ずザッと目を通しましょう。

●入試問題は「初見」の文

3頁にあるグラフが示すとおり、古文も英語や現代文と同様、基本的に「**読んだことのない文章**」が出題されます。特に、数十万人の受験生が受ける共通テストでは、公平を期すためにその傾向が顕著になります。この『古文レベル別問題集』で段階的に多数の問題を解き、初めて見る古文に対する読解力を向上させましょう。

◆補足説明

＊1…問題文は基本的に過去の大学入試問題を用いていますが、都合により一部改変している場合があります。

③ 読解のポイント
問題文を読解する際のポイントを明記。最後には〈あらすじ〉も掲載しました。

④ 登場人物
問題文に登場した人物を整理。人物の言動や、敬語の有無（＝主語補足のヒント）についてもまとめています。

⑤ 全文解釈
問題文をスペースで区切りながら単語分けし、読解において重要な語を色で区別（次頁参照）。各語の品詞・活用の種類・活用形・意味・用法などを詳細に明示し、現代語訳は問題文の左側に併記（＊2）しました。

また、登場人物は青枠で囲み、省略された主語・目的語は青文字で明記。「すべて」の情報を同時に見やすく掲載できるよう工夫しました。

朗読音声
QRコードをスマホのカメラで読み取ると、一流ナレーターによる問題文の朗読音声が再生されます。

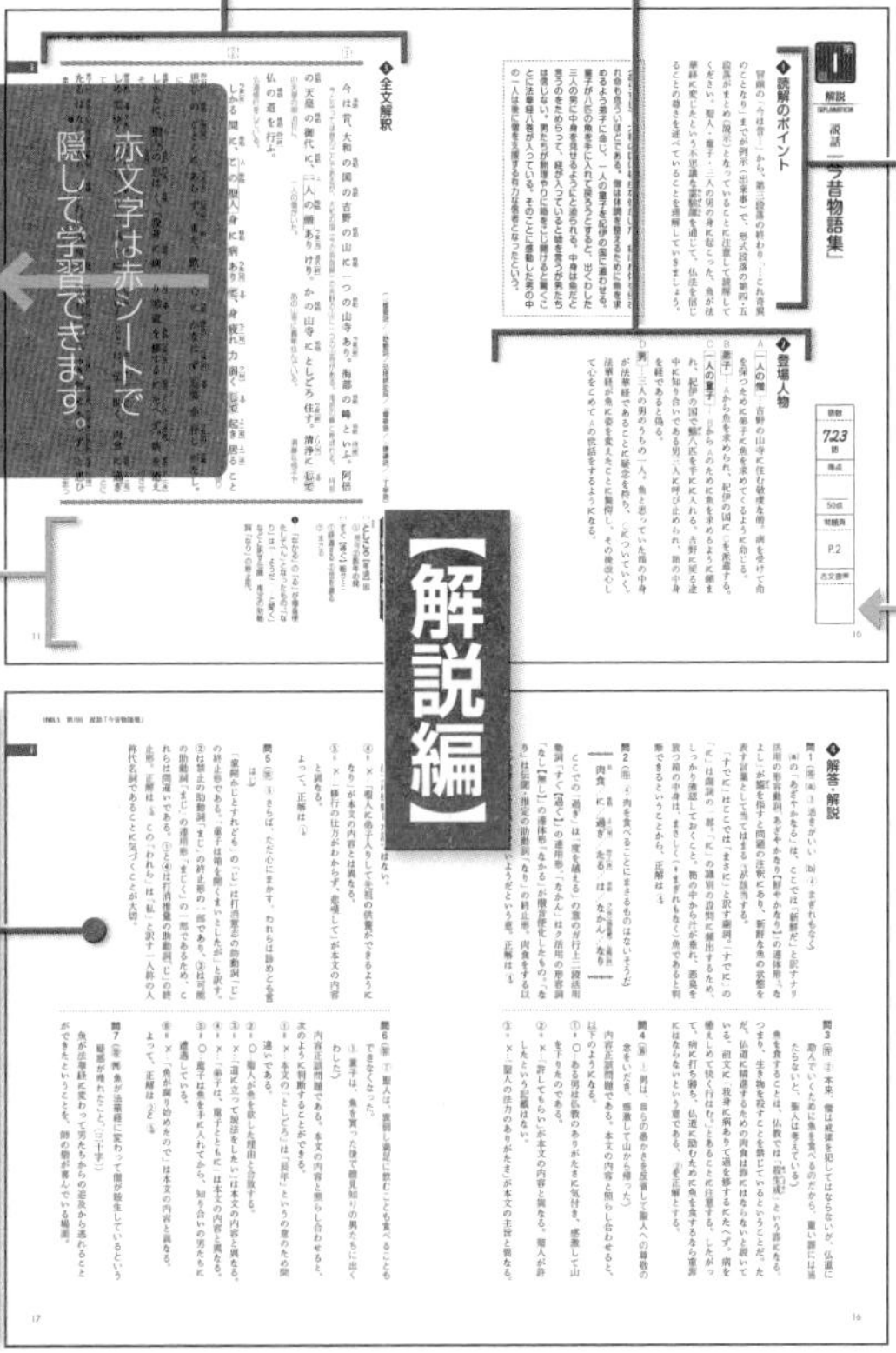
【解説編】
赤文字は赤シートで隠して学習できます。

脚注
問題文に出てきた重要語（＊3）を掲載。重要文法や主語の補足理由などについても、黒丸数字（❶～❾）で解説しています。

⑥ 解答・解説
問題文のどこに解答の根拠があり、どのように考えて解答を導けばよいのかを、論理的且つ簡潔に解説しています。最後には「作品紹介」を掲載。作品常識も同時マスターできるようにしました。

＊2…現代語訳は、赤文字で記し、対応する古文とできる限り位置をそろえています。赤シートで隠して、古文の現代語訳を頭の中で考えながら読んでいくという学習方法も有効です。

＊3…単語は星の数が多いほど頻出度が高いという意味です。

★★★ ＝最頻出
★★ ＝頻出
★ ＝標準
★無し＝非頻出

※頻出度は高くないものの、問題文の理解や解答に必要な語であれば、重要語（非頻出）として脚注に掲載しました。
また、**同じ語義の重要語は2回以降は省略**（別の語義であれば掲載）しています。

【全文解釈】で使用する記号・略号

●活用形
未然形→［未］
連用形→［用］
終止形→［終］
連体形→［体］
已然形→［已］
命令形→［命］

●動詞＊1
四段活用動詞　→四
上一段活用動詞→上一
上二段活用動詞→上二
下一段活用動詞→下一
下二段活用動詞→下二
カ行変格活用動詞→カ変
サ行変格活用動詞→サ変
ナ行変格活用動詞→ナ変
ラ行変格活用動詞→ラ変

●形容詞
形容詞ク活用　→ク
形容詞シク活用→シク

●形容動詞
形容動詞ナリ活用→ナリ
形容動詞タリ活用→タリ

●助動詞の意味＊2
打消推量→打推
打消意志→打意
不適当　→不適
反実仮想→反実
ためらい→ため
実現不可能な希望→希望
過去推量→過推
過去の原因推量→過因
過去の婉曲→過婉
過去の伝聞→過伝
現在推量→現推
原因推量→原推
打消推量→打推
打消意志→打意
不可能　→不可
打消当然→打当

●助詞
格助詞　→格助
接続助詞→接助
係助詞　→係助
副助詞　→副助
終助詞　→終助
間投助詞→間助

●助詞の用法＊3
使役の対象→《使対》
動作の共同者→《動共》
方法・手段→《方法》
単純な接続→《単接》
逆接の確定条件→《逆接》
逆接の仮定条件→《仮定》
順接の仮定条件→《仮定》
原因・理由→《原因》
反復・継続→《反復》
打消接続　→《打接》
希望の最小→《希小》
他への願望→《他願》
自己の願望→《自願》
詠嘆願望　→《詠願》

●その他の品詞
名詞・代名詞→無表記＊4
副詞　→副
連体詞→連体
接続詞→接続＊5
感動詞→感動
連語　→連語
接頭語→接頭
接尾語→接尾

●語の色分け＊6
■＝重要語（→訳は**太字**）
■＝助動詞
■＝接続助詞
■＝尊敬語
■＝謙譲語
■＝丁寧語
※その他は無色

●その他の記号
□＝登場人物（A～G）
➡＝**主語同一用法**があてはまる接続助詞
♻＝**主語転換用法**があてはまる接続助詞
▶＝重要な主語（や目的語）が省略されている箇所（補足する人物は左側に青文字で表示）
❶～❾＝**重要文法**や**主語・目的語の補足方法**に関する解説
■＝設問で**解釈**を問われている現代語訳部分

◆補足説明
＊1…基本的に、単語を表すときは「みる【見る】」のように平仮名と【漢字】を併記する。【　】は**漢字表記**の意。
＊2…助動詞の意味は2字表示。3字以上の意味は上記のように省略。なお、助動詞は「推量［未］」のように「意味と活用形」を併記している。
＊3…助詞の用法は2～3字で《　》内に表示。4字以上の用法は上記のように省略。
＊4…名詞・代名詞の品詞名は無表記としている。
＊5…接続助詞は「接助」、接続詞は「接続」と表記しているので区別に注意。
＊6…基本的に読解において重要な語だけに色を付けている。■の重要語は、**同じ単語で同じ語義**の場合、2回目以降は原則省略してある。接続助詞は、**複数の用法があるもの**のみ左側に《　》で用法を表示。敬語は**補助動詞**の場合のみ左側に《補》と表示（本動詞の場合は表示無し）。

【解説編】目次

第1回 解説 EXPLANATION

説話『今昔物語集』

語数
723語
得点
/50点
問題頁
P.2
古文音声

1 読解のポイント

冒頭の「今は昔…」から、第四段落の終わり「…これ奇異のことなり」までが例示（出来事）で、形式段落の第五・六段落がまとめ（説示）となっていることに注意して読解してください。聖人・童子・三人の男の身に起こった、魚が法華経に変じたという不思議な霊験譚《れいげんたん》を通じて、仏法を信じることの尊さを述べていることを理解していきましょう。

〈あらすじ〉　大和の国に敬虔《けいけん》な僧がいた。病に身体を侵され命も危ういほどである。僧は体調を整えるために魚を求めるよう弟子に命じ、一人の童子を紀伊の国に遣わせる。童子が八匹の魚を手に入れて戻ろうとすると、出くわした三人の男に中身を見せるようにと迫られる。中身は魚だと言うのをためらって、経が入っていると嘘を言うが男たちは信じない。男たちが無理やりに箱をこじ開けると驚くことに法華経八巻が入っている。そのことに感動した男の中の一人は後に僧を支援する有力な信者となったという。

2 登場人物

A **一人の僧**…吉野の山寺に住む敬虔な僧。病を受けて命を保つために弟子に魚を求めてくるように命じる。

B **弟子**…Aから魚を求められ、紀伊の国にCを派遣する。

C **一人の童子**…BからAのために魚を求めるように頼まれ、紀伊の国で鯔《ぼら》八匹を手に入れる。吉野に戻る途中に知り合いである男三人に呼び止められ、箱の中身を経であると偽る。

D **男**…三人の男のうちの一人。魚と思っていた箱の中身が法華経であることに疑念を持ち、Cについていく。法華経が魚に姿を変えたことに驚愕し、その後改心して心をこめてAの世話をするようになる。

3 全文解釈

（重要語／助動詞／接続助詞／尊敬語／謙譲語／丁寧語）

1

今は昔、大和の国の吉野の山に一つの山寺あり。海部の峰といふ。阿倍の天皇の御代に、一人の僧ありけり。かの山寺にとしごろ住す。清浄にして仏の道を行ふ。

今となっては昔のことであるが、大和の国（今の奈良県）の吉野の山に一つの山寺がある。海部の峰と呼ばれる。阿倍の天皇の御治世に、一人の僧がいた。あの山寺に長年住んでいる。清廉な様子で仏道修行をしている。

2

しかる間に、この聖人身に病ありて、身疲れ力弱くして起き居ること思ひのごとくにあらず。また、飲食心にかなはずして命存しがたし。

ところが、この聖人はその身に疾患があり、身が疲弊し力が弱くなって起居することが思い通りのようにならない。また、飲食も思い通りにならなくてこのまま生きているのが難しい。

しかるに、聖人〈主格〉の思はく、「我身に病ありて道を修するにたへず。病を癒えしめて快く行はむ。ただし、病を癒えしむることは、伝へ聞く、肉食に過ぎたるはなかんなり❶。しかれば、我魚を食せむ。(ア)これ重き罪にあらず」と思ひ

そこで、聖人が思うことには、「我が身は病に侵されて仏道修行することなどできない。病を治癒させて気分よく修行しよう。ただし、病を治させるためには、伝え聞くことによると、肉を食べることにまさるものはないそうだ。よって、私は魚を食べようと思う。これは（仏道で戒めている殺生の）重罪にはならない」と思っ

単語・文法・解説

□★★★としごろ【年頃】名
①長年 ②数年の間

□すぐ【過ぐ】動ガ上二
①経過する ②世を渡る
③まさる

❶…「なかる」の「る」が撥音便化して「ん」となったもの。「なり」は「…ようだ・…と聞く」などと訳す伝聞・推定の助動詞「なり」の終止形。

て、ひそかに弟子に語りていはく、「我病あるによりて、魚を食して命を

て、（Aが）内緒で弟子に語っていうことには、「私には病があるので、魚を食べて延命

存せむと思ふ。汝魚を求めて我に食はしめよ」と。

しようと思う。お前が魚を求めて私に食べさせよ」と。

弟子がこのことを聞いて、すぐに紀伊の国（今の和歌山県と三重県の南部）の海のあたりに一人の童子を派遣し

弟子これを聞きて、たちまちに紀伊の国の海の辺に一人の童子を遣はし

て魚を買はしむ。童子かの浦に行きて(a)あざやかなるなよし八隻を

て魚を買わせる。童子はこの紀伊の国の海辺に向かい**活きがいい**鯔（ボラ）を八匹を

買ひ取りて、小さき櫃に入れて帰り来る間、道にして、もとより童子を

買い取って、小さい入れ物に入れて帰ってくる際に、道中で、前々から童子を

相知れる男三人会ひぬ。男童子に問ひていはく、「汝が持ちたる物は、これ

知っている男三人と出くわした。男が童子に尋ねていうことには、「お前が持っている物は、なんで

何物ぞ」と。童子これを聞きて、これ魚なりといはむことをすこぶる憚り

あるか」と。童子がこの言葉を聞いて、これは魚であるというようなことをはなはだ強く憚って、

思ひて、ただ口に任せて、「これは法花経なり」と答ふ。しかるに、男見るに、

ただでまかせに、（Cは）「これは法華経である」と答える。しかしながら、男が見ると、

この小さき櫃より汁垂りて臭き香あり。(b)すでにこれ魚なり。しかれば、男

この小さい入れ物から汁が垂れてくさいにおいがする。**まぎれもなく**これは魚である。よって、男が

□あざやかなり【鮮やかなり】形動ナリ
①際立っていて美しい
②はっきりしている・きちんとしている
③新鮮だ・活きがいい

□すでに【既に】副
①すっかり ②もはや
③いよいよ・まさに

4

のいはく、「それ経にあらず。まさしく魚なり」と。童、「なほ経なり」と

〈主格〉言うことには、「それは御経ではない。まぎれもなく魚だ」と　童子が、「いや御経だ」と

あらそひて行き、具して行くに、一つの市の中に至りぬ。男等ここにやすん

言い争いながら、一緒に行くと、一つの市街地に至った。男たちはここに留まって、

で、童を留めて責めていはく、「汝が持ちたる物は、なほ経にはあらず。

童子を捕まえて催促して言うことには、「お前が持っている物は、どう考えても御経ではない。

まさしく魚なり」と。童は、「なほ魚にはあらず。経なり」といふ。男等これ

まぎれもなく魚である」と。童子は、「いや魚ではない。御経である」と言う。男たちはこの言葉

を疑ひて、「箱を開きて見む」といふ。童開かじとすれども、男等

を信じず、「箱を開けて見よう」と言う。童子は開けまいとするが、男たち

あながちに責めて開かしむ。童恥ぢ思ふことかぎりなし。しかるに、箱の内を

は強引に求めて開かせる。童子は恥ずかしく思うことこの上ない。ところが、箱の中を

見れば、法花経八巻まします。男等これを見て、恐れ怪しんで去りぬ。童も

見たところ、法華経八巻がいらっしゃる。❷　男たちはこれを見て、恐れ不思議に感じ去った。童子も

奇異なりと思ひて、喜びて行く。

妙なことがあるものだと思って、嬉々として歩いて行く。

この男の中に一人ありて、なほこのことを怪しんで、「これを見

この中に一人の男がいて、相変わらずこの出来事を不思議に思って、「この出来事を

□★★ぐす【具す】動サ変
①連れていく・一緒に行く
②備わる・備える

□せむ【責む】動マ下二
①苦しめる ②催促する
③求める・追求する

□★★あながちなり【強ちなり】
形動ナリ
①強引だ・一途だ

□まします【坐します】動サ四
①いらっしゃる（「あり」の尊敬語）
②〜ていらっしゃる（尊敬の補助動詞）

❷…この「まします」は「法華経」に対する敬意であると考えること。

あらはさむ」と思ひて、うかがひて童の後に立ちて行く。童すでに山寺に

はっきりさせよう」と思って、（様子を）うかがって童子の後に立って（ついて）行く。童子がついに山寺に

至りて、師に向かひてつぶさにこのことのあり様を語る。師これを聞き

至って、師匠（である僧）に向かって詳しくこの出来事の様子を語る。師の僧はこの話を聞い

て、一度は怪しび、一度は喜ぶ。「これひとへに天の我を助けて守護し給へ

て、最初は不審に思ったが、思い直して喜ぶ。（Aは）「これはすべて天が私を助けてお守りになっ

りけるなり」と知りぬ。その後、聖人すでにこの魚を食するに、この

たのである」と気づいた。その後、聖人がまさにこの魚を食べていると、この

うかがひて来れる一人の男、山寺に至りてこれを見て、聖人に向かひて

様子をうかがってついてきた一人の男が、山寺に至ってこの様子を見て、聖人に向かって

五体を地に投げて、聖人に申してまうさく、「まことにこれ魚のすがたなり

五体を地面に投げ出すように（ひれ伏しながら）、聖人に申し上げて言うには、「実際これは魚の姿をしている

といへども、聖人の食物とあるがゆゑに化して経となれり。愚痴邪見に

といっても、聖人の食物であるがゆえに姿を変えて御経となったのだ。（Dは）愚かで間違った

して因果を知らざるによりて、このことを疑ひて度々責め悩ましけり。

考えを持って因果の道理を知らないせいで、（Cの）言うことを疑って何度も苦しめ悩ませたのだ。

願はくは聖人この過を許し給へ。これより後は、聖人をもって我が大師

願うことには聖人よこの罪をお許しください。これより後は、聖人を私の大先生

□つぶさなり【具さなり・備さなり】形動ナリ
①全部備わっている・完全だ
②細かくて詳しい

□**せむ**【責む】動マ下二
①苦しめる ②催促する
③求める・追求する

として ねむごろに 恭敬供養し たてまつらむ」と いひて、(イ)泣く泣く 帰りぬ。そ

として心をこめて慎んでお世話申し上げよう」と言って、泣きながら帰っていった。そ

の後は、D この男 A 聖人 の ために 大檀越 と なりて、常に 山寺 に 行きて 心を

の後は、この男は聖人のために協力的な信者となり、いつも山寺に出向いては心を

いたして 供養しけり。これ 奇異の こと なり。

こめてお世話したということだ。これはめったにないことである。

❹これを思ふに、仏法を修行して身を助けむがためには、もろもろの毒

このことを（私が）慮るに、仏法を修行してその身を助けようと思うと、いろんな（仏法に）毒

を食ふといふとも返りて薬となる、もろもろの肉を食ふといふとも罪を

になるものを食べたとしてもかえって薬となる、いろんな肉を食べたとしても罪を

犯すにあらずと知るべし。

犯すことにはならないと知るべきだ。

しかれば、魚もたちまちに化して経となれるなり。❺ゆめゆめかくのごとく

そうであるので、魚もすぐに姿を変えて御経となったのだ。けっしてこのようになる

ならむことを謗るべからずとなむ語り伝へたるとや。

ことを非難してはならないと語り伝えているということだろうか。

❹…仏教を信仰するためなら禁断とされている殺生の戒を犯しても罪にはならないということを伝えている。

❺…呼応の副詞「ゆめゆめ」は禁止表現（べからず・なかれ・ざれ・な・まじ等）と呼応して「けっして…するな」と訳す呼応の副詞。

❹ 解答・解説

問1（答 (a)③ 活きがいい (b)④ まぎれもなく）

(a)の「あざやかなる」は、ここでは「新鮮だ」と訳すナリ活用の形容動詞「あざやかなり【鮮やかなり】」の連体形。「なよし」が鯔《ぼら》を指すと問題の注釈にあり、新鮮な魚の状態を表す言葉として当てはまる③が該当する。

(b)の「すでに」はここでは「まさに」と訳す副詞。「すでに」の「に」は副詞の一部。「に」の識別の設問に頻出するため、しっかり確認しておくこと。箱の中から汁が垂れ、悪臭を放つ箱の中身は、まぎれもなく魚であると判断できるということから、正解は④。

問2（答 ④ 肉を食べることにまさるものはないそうだ）

肉食〔名〕／に〔格助〕／過ぎ〔上二［用］〕／たる〔完了［体］〕／は〔係助〕／なかん〔ク［体］《撥音便》〕／なり〔伝聞［終］〕

ここでの「過ぎ」は「度を越える」の意のガ行上二段活用動詞「すぐ【過ぐ】」の連用形。「なかん」はク活用の形容詞「なし【無し】」の連体形「なかる」が撥音便化したもの。「なり」は伝聞・推定の助動詞「なり」の終止形。肉食をする以上の治療法は見当たらないようだという意。正解は④。

問3（答 ② 本来、僧は戒律を犯してはならないが、仏道に励んでいくために魚を食べるのだから、重い罪には当たらないと、聖人は考えている。）

魚を食することは、仏教では「殺生戒《せっしょうかい》」という罪になる。つまり、生き物を殺すことを禁じているということだ。ただ、仏道に精進するための肉食は罪にはならないと説いている。前文に「我身に病ありて道を修するにたへず。病を癒えしめて快く行はむ。」とあることに注意する。したがって、病に打ち勝ち、仏道に励むために魚を食するなら重罪にはならないという意である、②を正解とする。

問4（答 ① 男は、自らの愚かさを反省して聖人への尊敬の念をいだき、感激して山から帰った。）

内容正誤問題である。本文の内容と照らし合わせると、以下のようになる。

①＝○…ある男は仏教のありがたさに気づき、感激して山を下りたのである。

②＝×…「童子に……許してもらい」が本文の内容と異なる。詫びたのは聖人に対してであり、また聖人が許したという記載はない。

③＝×…「聖人の法力のありがたさ」が本文の主旨と異なる。法力に感動した話ではない。

④＝×…「聖人に弟子入りして先祖の供養ができるようになり」が本文の内容とは異なる。

⑤＝×…「修行の仕方がわからず、悲嘆して」が本文の内容と異なる。

よって、正解は①。

問5（答 ⑤ さらば、ただ心にまかす。われらは詠めとも言はじ）

「童開かじとすれども」の「じ」は打消意志の助動詞「じ」の終止形である。「童子は箱を開くまいとしたが」と訳す。②は禁止の助動詞「まじ」の終止形の一部であり、③は可能の助動詞「まじ」の連用形「まじく」の一部であるため、これらは間違いである。①と④は打消推量の助動詞「じ」の終止形。正解は⑤。この「われら」は「私」と訳す一人称の人称代名詞であることに気づくことが大切。

問6（答 ② 聖人は、衰弱し満足に飲むことも食べることもできなくなった。

⑤ 童子は、魚を買った後で顔見知りの男たちに出くわした。）

内容正誤問題である。本文の内容と照らし合わせると、次のように判断することができる。

①＝×…本文の「としごろ」は「長年」という意のため間違いである。

②＝○…聖人が魚を欲した理由と合致する。

③＝×…「道に立って説法をしたい」は本文の内容と異なる。

④＝×…「弟子は、童子とともに」は本文の内容と異なる。

⑤＝○…童子は魚を手に入れてから、知り合いの男たちに遭遇している。

⑥＝×…「魚が腐り始めたので」は本文の内容と異なる。

よって、正解は②と⑤。

問7（答 例 魚が法華経に変わって僧が殺生しているという疑惑が晴れたこと。〔三十字〕）

魚が法華経に変わって男たちからの追及からのがれることができたということを、師の僧が喜んでいる場面。

男たちは、仏教で禁じられている殺生戒を僧が犯しているのではないかという疑念を抱いていたが、魚が法華経に変わったことによりその疑惑が晴れたのである。したがって、上記のようなことをまとめて「魚が法華経に変わって僧が殺生しているという疑惑が晴れたこと。」のように解答すること。

問8（答 ㋺十訓抄　㋭日本霊異記）

『今昔物語集』は平安時代末期に成立した説話集。『今昔物語集』と同じジャンルのものを選ぶ問題なので、正解は㋺と㋭となる。

巻末付録の「重要文学史一覧」（148頁）を見て、有名作品のジャンルと時代区分をはっきりさせておくこと。今回の『今昔物語集』は、作品名を見て（「物語」ではなく）**説話**だとわかることも重要だが、成立時代が平安時代か鎌倉時代かを知っておくことも重要である。

作品紹介

『今昔物語集』（編者未詳／平安時代後期）

～仏教と説話との関係とは～

『今昔物語集』は平安後期（一一二〇年以降）に成立した千以上の話を有する二八巻の大説話集。編者は未詳ですが、僧籍にあった人物であると推測されています。天竺（インド）・震旦（中国）・本朝（日本）の部に分けられ、所収されているあらゆる説話が仏教的見地から著されています。

仏教思想は学問の対象として多くの大学で講義がなされるほどなかなか難解です。仏教において人を教化するための手段を方便《ほうべん》と言いますが、説話のようなたとえ話なら無学の者でも理解しやすいので、平安時代や鎌倉時代にかけてさかんに作られ、教化のための説教（＝お坊さんの講話）のネタとして利用されました。

この本文では、ある僧が食べようとした魚が経に変わったというお話。修行のためならたとえ殺生を犯したとしても罪にはならないと説いています。日本仏教には外国のものと違って戒律にこのような独特な「ゆるさ」があるのが特徴的です。たしかにクリスマスを楽しみ、大晦日に除夜の鐘の音を聞き、新年に初詣に行く日本人の宗教観には一種の「ゆるさ」を感じますよね。仏教の戒律として最も重要なのは次の五つのルール（五戒）です。

不《ふ》殺生《せっしょう》…全ての生き物を殺してはならない。
不《ふ》偸盗《ちゅうとう》…他人の物を盗ってはならない。
不《ふ》邪淫《じゃいん》…不特定の異性と淫らな関係をもってはならない。
不《ふ》妄語《もうご》…嘘をついてはならない。
不《ふ》飲酒《いんしゅ》…お酒を飲んではならない。

このような戒律を強引に押し付けることのないためにも、説話は一種の潤滑油的な役割を担っていました。『今昔物語集』は約三分の二が仏教説話※であり、この五戒に関係する内容のものが多いのでしっかり特徴を覚えておきましょう。説話の頻出ランキングでも堂々の一位です。

※…仏教の教化に関わる説話を仏教説話、それ以外を世俗説話と呼びます。

第2回 解説 EXPLANATION

説話『閑居友』

❶ 読解のポイント

このお話に出てくるさかまたぶりの僧はみすぼらしい姿をしていますが、聴衆を感涙させるほどの説法をします。ここから、なにかと見てくれに左右されがちな人間の愚かさを浮き彫りにしていることを読み取りましょう。説法の後で、物乞いの僧に尊敬語が使用されているところにも注目してみてください。章末の「されば、」以降には『閑居友』の編者である慶政の感想が述べられています。

〈あらすじ〉 京の清水の橋の下に非常にみすぼらしい様子で物乞いをする僧がいる。仏道に熱心な大臣が立派な講師を招いたときに、この物乞いの僧が突然説法を始めたのであった。その説法はすばらしくすべての聴衆を魅了した。しかし説法が終わると、この物乞いの僧はかき消すようにいなくなってしまう。残された人は「あれはただ者ではない」とうわさし合ったのであった。

❷ 登場人物

A **さかまたぶりの僧** …非常にみすぼらしい生活をしている僧。昼間は町で物乞いをしている。人々が集まってCのありがたい話を聞こうとしているときに、説法を始め人々を感動させる。その後、忽然と姿を消す。

B **時の大臣なる人** …非常に仏事に熱心であり、当時有名であったCを講師として招いた。

C **導師** …一座の人々に説法をして導くために招かれてやってきたが、Aの説法を聞き感涙する。

語数
373語
得点
/50点
問題頁
P.8
古文音声

3 全文解釈

（重要語／助動詞／接続助詞／尊敬語／謙譲語／丁寧語）

1

昔、清水の橋の下に、薦にてあやしの家居せる者の、昼は市に出でて、
その昔、清水の橋の下に、薦を用いたみすぼらしい住居で暮らしている者で、❶〈同格〉日中は市内に出て、

さかまたぶりといふものを立てて、物を乞ひて世を渡るありけり。腰には薦
さかまたぶりという二股の杖を立てて、物乞いをして暮らす者（僧）がいたのだった。（Aの）腰には薦

のきれを巻きてぞありける。
の切れ端を巻いていたのであった。

2

かかるほどに、時の大臣なる人、いみじく心を致して仏事する事ありけり。
こうしているときに、その折の大臣であった人が、非常に心をこめて仏事を執り行う事があった。

導師は、時にとりて尊く聞こゆる人にてぞおはしける。このさかまたぶりの僧、
（招かれた）導師は、その当時尊いとうわさになっている人物でいらっしゃった。この二股の杖を使う僧は、

庭にたたずみて、事の刻限をいみじくうかがひたりげに侍りければ〈原因〉、「さやうの
庭にたたずんで、仏事が始まる時刻をたいそう気にしている素振りでございましたので、「あんな

乞食などは、かやうの所には見え来る事なればにこそ❷〈強意〉〈原因〉」など、人々は思ひ
乞食などは、このような場所に姿を見せるものだから（やってきたのだろう）」などと、人々が思ったとき

けるほどに、すでに事よくなりて侍りけるに〈単接〉、この僧、日ごろの姿にて、
に、すでに仏事の始まるのにふさわしい時刻になりましたところ、この僧は、いつもの（みすぼらしい）姿で、

単語・文法・解説

□あやし【賤し・怪し】形シク
①みすぼらしい ②不思議だ ③身分が低い

□いみじ【忌みじ】形シク
①非常に ②はなはだしい ③恐ろしい ④すばらしい

❶…「あやしの家居せる者の」の二つ目の「の」は「～で」と訳す格助詞「の」の同格用法。「物を乞ひて渡るありけり」の「渡る」の後に「者」という名詞を補って訳すこと。

❷…係助詞で終止している文はその後に結びが省略されている。これを結びの省略と呼ぶ。「なればにこそ」の後に「参りつらめ（＝やってきたのだろう）」などが省略されていると考えること。

日隠しの間より歩み入りて、高座に昇りにけり。「Aあれはいかに」と、「目(1)も

日隠しの間を通って歩いて入ってきて、高座にのぼったのであった。（人々は）「あれはどうしたことだ」と、「目にも

はつかなるわざかな」と、あやしみ合ひたりけれど、「やうこそはあるらめ」とて、

止まらない早業だなあ」と、不思議がっていたが、「何かわけでもあるのだろう」と言うことで、

法要などして始まりにけり。

法要などをして（仏事が）始まったのであった。

さて、説法いひ知らずいみじく、「昔の富楼那尊者、形を隠して来たり給へる❸

そうして、（Aの）説法は言葉にできないほどすばらしく、「昔の（釈迦の十人の弟子の中の）富楼那尊者が、姿を変えてい

か」などいひあつかふほどに侍りけり。(2)A我もさめざめと泣きけり。この

らっしゃったのか」などと人々がうわさするほどでございました。　この僧自身もさめざめと泣いたのであった。　この

C導師すべかりつる人も、雨しづくと泣きけり。御簾の中、庭のほどなどは

導師として講話をする予定であった人も、雨の雫が垂れるように涙を流したのであった。御簾の中、庭のあたりなどは

所せきほどにぞ侍りける。さて、涙おしのごひて、高座より下り給ひければ、♻

（涙で）あふれていたほどでした。　さて、（Aは）涙をぬぐって、　高座より下りなさったところ、

このBあるじも、対面せむと思ひ、人々も、(3)そのよし思ひけるほどに、下りはて

この主人も、（Aに）対面しようと思い、人々も、そのこと（対面しようと）を考えていたうちに、（Aは）高座から

ければ、やがて例のさかまたぶり立てて、狂ひ出でて紛れにけり。その後は、

下りたら、すぐにいつものように二股の杖をついて、狂ったように出て民衆の中に紛れていなくなってしまった。その後は、

□はつかなり【僅かなり】形動ナリ
①ほのかだ ②ほんの少しだ

□あつかふ【扱ふ】動ハ四
①世話をする ②うわさする ③もてあます

□よし【由】名
①理由 ②由緒 ③…こと

□やがて【軈て】副
①すぐに ②そのまま

❸…ラ変型の完了・存続の助動詞「り」は、サ変の未然形と四段活用動詞の已然形の後に続く。

4

❹（「あしき事しつ」とや思ひ給ひけん、）かきくらし失せにけりとなん。「いかに

「悪いことをしてしまった」とお思いになったせいであろうか、（Aは）姿をくらましてしまったと言うことだ。「まことに、

も、ただ人にはあらざり❺けり」とぞ、人々もいひ合ひたりける。げに、ただには

（Aは）常人ではないのだなあ」と、人々も口々にうわさしたということだ。本当に、（Aは）常人では

あらざりける人にこそ侍りけれ。

なかった人であったのでしょう。

されば、『摩訶止観』の中には、「徳を隠さんと思はば、そらもの狂ひをすべし」など侍るぞかし。外の振舞ひはものさわがしきにかたどりけめども、心の中はいかばかり諸法空寂の理に往しておはしけんと、尊く侍り。

したがって、（仏書の）『摩訶止観』の中に、「自らの徳を隠そうと思うならば、気が触れた真似をすればよい」などと述べてあるのですよ。（Aは）外面の行動は何か問題があるように見せてはいたのだろうが、心の中はどれほど万物は無であるという道理に達していらっしゃったのだろうと感じられて、尊く思われるのです。

□★★ **あし【悪し】** 形シク
①憎い・不快だ　②悪い

□★★ **ただびと【直人・徒人】** 名
①臣下　②一般の貴族　③常人

□★★ **げに【実に】** 副
①なるほど　②本当に

□★★★ **ことわり【理】** 名
①道理　②理由

❹…「さかまたぶりの僧」が突然いなくなった理由が、人前で説法したことを恥じたためだと編者は考えている。

❺…助動詞「けり」が「　」の中や和歌の中で使用された場合、「…だなあ」と訳す詠嘆の用法になる。

❹ 解答・解説

問1 （答 ㋑ 時）

「導師は、**A** にとりて尊く聞こゆる人にてぞおはしける。」の空欄に選択肢にある「時・心・仏・例・理」をすべて当てはめて、意味の通じるものを正解とする。

連体詞「聞こゆる」は、「評判の・有名な」といった意であるため、「導師はその当時尊いとうわさになっている人物でいらっしゃった。」のように判断すると、ここには「時」以外の言葉を入れることは不可能。

「時にとりて」は「場合によって・その時にあたって」と訳す一つの表現である。受験生にはなじみのない表現であるが、念のためおさえておくこと。よって、正解は㋑。

問2 （答 (1)㋺ 目にも止まらない早業だなあ　(3)㋥ 対面しようと考えているうちに）

目《名》／も《係助》／はつかなる《ナリ[体]》／わざ《名》／かな《終助《詠嘆》》

(1)の「はつかなる」は「ほのかだ／ほんの少し（の時間）だ」と訳すナリ活用の形容動詞「はつかなり【僅かなり】」の連体形。この知識だけで選択肢を絞るのは難しいが、みすぼらしい坊主が高座（＝僧が説法の際に座る一段高く設けた席）にいつの間にかのぼって、それを見た人々の驚きの言葉であると考えること。正解は㋺。

(3)の「よし【由】」は「理由／由緒／手段」などの意味の他に、前文の内容を指示し、「そのこと」などと訳す名詞。

そ《代名》／の《格助》／よし《名》／思ひ《四[用]》／ける《過去[体]》／ほど《名》／に《格助》

この場合、前文の「このあるじも、対面せむと思ひ、」の「対面せむ（＝対面したい）」を指していると考えることができる。よって、正解は㋥。

問3 （答 (イ)は　(ロ)め）

「は・あり・こそ・やう・らむ」を並び替えるこのような問いは、早稲田大学特有の設問である。

まず、すべての語の品詞をはっきりさせること。順に「は」「こそ」は強意の係助詞、「あり」はラ行変格活用動詞「あり【在り・有り】」、「やう【様】」は名詞、「らむ」は終止形もしくはラ変の連体形に接続する現在推量の助動詞「らむ」である。

最初に、「らむ」は動詞に接続することから「あるらむ」

と組み合わせる。次に、文末を已然形にする係助詞「こそ」があるので「あるらめ」のような形にする。係助詞は文中にあるので、「こそ」を上に置く。

だが、助動詞や助詞が文頭に来ることはないので、名詞「やう」が最初になる。その次に「こそ」、「は」の順番に整序する。係助詞「こそ」と「は」が接続する場合、「こそは」となり、「はこそ」となることはないので、「これこそは～」のような現代の語順に則って判断すること。

したがって、「やう＋こそ＋**は**＋ある＋ら**め**（何か理由があるのだろう）」の語順になるから、五番目(イ)は「は」、文末の九番目(ロ)は「め」になる。

問4（答 (ハ) さかまたぶりの僧）

急に現れたさかまたぶりの僧の説法はすばらしく、その場に居合わせたすべての人を魅了してしまう。後の文「御簾の中、庭のほどなどは所せきほどにぞ侍りける。」は、感涙した人々の描写である。その前に「この導師すべかりつる人も、雨しづくと泣きけり。」とあるから、大臣にわざわざ招かれた導師も感涙したことがわかる。ゆえに、この「我」はさかまたぶりの僧自身以外には考えられない。よって、正解は(ハ)。

問5（答 (ニ) 徳を隠さんと思はば、そらもの狂ひをすべし）

例示の直後に編者の意見を添えるのが説話のパターンであるから、「されば……尊く侍り」という最後の箇所がこの本文のまとめである。[C]には本文の内容を総括するような言葉が入る。

説話の場合、例示の箇所は過去の助動詞「けり」で結ぶのが通例である。みすぼらしい姿をして現れたさかまたぶりの僧が、実は満場を感涙させられるほどの尊い人物であったという意外性を示す内容から、正解を(ニ)と考えること。

(イ)＝×…これをはかり思ふに、食は少なけれども汗は多し

【訳】このことを考慮すれば、食べ物は少ないけれど、汗をかいて働くことは多い。

(ロ)＝×…袖を抑へ涙を流してあらばやと、嘆けども甲斐なくて、年も重なりぬるぞかし

【訳】袖を抑え涙を流してほしいと、嘆くがどうしようもなくて、年齢を重ねたのだよ。

ハ＝×…何わざにつけても、ひとり侍るばかり澄みたる事はなし

【訳】どんなことにつけても、一人でおりますこと以上に心を澄ますことができる環境はない。

ニ＝○…徳を隠さんと思はば、そらもの狂ひをすべし

【訳】自らの徳を隠そうと思うならば、気がふれた真似をするべきだ。

ホ＝×…あるにもあらぬ身のゆゑに、いたづらに積もりける罪こそ悔しけれ

【訳】生きていてもなんの価値もないこの身のせいで、むやみに罪を重ねるのが悔しい。

問6（答ホ）

内容正誤の問題である。以下のようにすべての選択肢の内容が本文と異なっているため、正解をホにする。すべてがさかまたぶりの僧についてのコメントである。

イ＝×…さかまたぶりの僧は富楼那尊者の生まれ変わりだと言って人をあざむいてはいない。

ロ＝×…さかまたぶりの僧は狂人でもないし、自らの命を絶ってもいない。

ハ＝×…時の大臣である人が仏事を営んだ理由は、さかまたぶりの僧を正気に戻すためではない。

ニ＝×…さかまたぶりの僧の住んでいる橋の下の家は日常の生活に見合ったみずぼらしいものであった。

問7（答ロ 風姿花伝　ニ 梁塵秘抄）

説話集でないものを二つ選ぶ問題。近年の入試における文学史の問題では、問題文と同じジャンルの作品を選択させる問題が多く出題されている。選択肢の中で説話集と言えないものはロとニ。

ロの「風姿花伝」は、世阿弥によって室町時代前期に著された能楽論書であり、ニの「梁塵秘抄」は平安時代末期に成立した後白河法皇撰の今様集である。

作品紹介

『閑居友』（慶政《けいせい》／鎌倉時代初期）

～お坊さんにもいろいろあって～

『閑居友』は承久四年（一二二二年）に成立したとされる鎌倉時代初期の仏教説話集。編者は天台僧である慶政と伝えられ、二巻（上巻・下巻）に三二話の仏教説話が集められています。今回の文章は上巻の第七「清水の橋の下の乞食の説法事」からの出題です。ここに出てくる「さかまたぶりの僧」について少し話してみたいと思います。

日本の仏教は、学問型仏教と救済型仏教とに二大別できます。前者は学問として仏教を捉え、ひたすら教理を学ぶことに主眼を置き、後者は本人や衆生を生老病死の苦しみから救済することに主眼を置くものと言えるでしょう。

そしてそれらの教理を学び、衆生を救わんとする仏の教えを伝えるのが僧侶ですが、この僧侶にもいろんな人がいます。「僧正・僧都・律師」などと言われる人は諸寺を監督・指導する僧界の超エリート。僧侶の代表者みたいな人です。「僧綱」はその総称。原則的に僧全体で七名が任命されました。他の僧侶に一目置かれ、立派な僧衣を身に付け、ありがたい説教や加持祈祷などをします。その他、知徳を兼ね備えた僧を現す「上人・聖」、弟子を導き、その師範となるような僧を現す「阿闍梨《あじゃり》」などという僧もいます。まとめて記憶しておきましょう。

今回の「さかまたぶりの僧」は寺院に入らず私的に修行している隠遁《いんとん》僧。僧の集団から離れ、ひたすら修行に励む一匹狼のようなお坊さんですね。古文ではお寺でたくさんの弟子をかかえるのに嫌気がさした高僧が、出奔《しゅっぽん》し身をやつして修行をするというお話が数多く存在します。今回のお話もその一つです。

第3回 解説 EXPLANATION

説話『今物語』

❶ 読解のポイント

二つの逸話を対比しながらその共通点を模索しましょう。「みすぼらしい僧」と「歌人の西行」は、身なりが卑しいこと、歌道の実力者であるということが共通点であり、「連歌の名人」と「家の侍」のは、相手を侮ってかかって恥をかいたという点が共通しています。会話文の中に使用されている丁寧語にも注意を払って読解していきましょう。

〈あらすじ〉 連歌の名人がこぞって歌を詠む折、あるみすぼらしい僧がその門の下で熱心に耳をかたむけている。次第にこちらに近づいて来て、「どのような歌をお詠みなさっているのか」と尋ねるので、蔑みながらも返答してやると、及びもつかないすばらしい句を詠み、忽然と姿を消してしまったという。西行が主人の伏見中納言を訪ねたが、あいにく不在であった。秋風楽を聞き、歌を口ずさむ西行。事情の分からない家の侍が西行を平手打ちにし、追い出してしまう。

❷ 登場人物

A **(この)法師**…Bたちが連歌に興じているときに現れた、みすぼらしい法師。すばらしい歌をつけて、Bを驚かせた。

B **連歌の上手と聞こゆる人々**…名人と言われる人たち。Aのみすぼらしい様子を侮っていたが、Aがすばらしい付け句をすると驚嘆した。

C **京極中納言**…AとBの間の出来事を耳にし、Aのことを褒めBの慢心をたしなめた。

D **伏見中納言**…Eと親交があった人物。留守中のEに対するFの振舞い(暴行)を非難し、Fを解雇する。

E **西行法師**…Dの邸宅を訪問し、秋風楽を聞いて歌を詠むが、Fに乱暴されて這う這うの体で逃げ出す。

F **(この)侍**…Eの応対をした人物。Eのことを単なる乞食坊主と勘違いし、平手打ちにした。後に主であるDに解雇される。

語数
468語
得点
50点
問題頁
P.12
古文音声

1

3 全文解釈

（重要語／助動詞／接続助詞／尊敬語／謙譲語／丁寧語）

ある所にて、この世の連歌の上手と聞こゆる人々、寄り合ひて連歌しける
ある所で、この時代の連歌の名人とうわさされる人々が、寄り集まって連歌していたとき

に、その門の下に、法師の、まことにあやしげなる、頭はをつかみに生ひて、紙
に、その門の下に、法師で、実にみすぼらしい様子で、頭はつかむことができるくらいに（髪が）生えて、

衣のほろほろとある、うち着たるが、つくづくとこの連歌を聞きてありけれ
紙でできた衣でぼろぼろのものを、身にまとっている僧が、しみじみとこの連歌を聞いていたので、

ば、❶「何ほどの事を聞くらん」と、をかしと思ひて侍るに、この法師、やや
（Bが）「（Aは）どれくらいのことがわかっているのだろうか」と、変だなと思っていましたところ、この法師は、だんだん時

久しくありて、うちへ入りて、縁のきはに居たり。人々、をかしと思ひてある
間が経つと、中に入って、縁側に座っている。人々は、変だなと思っていると、

に、はるかにありて、「賦物は何にて候ふやらん」と問ひければ、（その中に、
（Aは）遥かに離れたところにいて、「お決まりの言葉はどのようなものでしょうか」と尋ねたところ、そこにいる名人（B）

ちと、くわうりやうなるものにてありけるやらん❷）、あまりにをかしく、
の中で、少し、ぶしつけな者であったろうか、（Aのことが）あまりにわけがわからず、

あなづらはしきままに、何となく、
侮りたくなる様子でいたので、なんとなく、

単語・文法・解説

★★ **じゃう《ジョウ》ず【上衆・上手】** 名
①高貴な人 ②名人

★★ **やや【漸・稍】** 副
①だんだん ②少し ③だいぶ

★★ **あなづらは《ワ》し【侮らはし】** 形シク
①侮りたくなる様子だ
②気を遣わなくてもよい

❶…「何ほどの事を聞くらん」とは、どうせたいしたこともわかっていないだろうという、連歌の名人たちのおごったセリフである。

❷…「やらん」は係助詞「や」にラ行変格活用動詞「あり【有り・在り】」の未然形「あら」、推量の助動詞「ん」が続いた形「やあらん」が簡略されたもの。

「括りもとかず足もぬらさずと言ふぞ」と言ひたりければ、Aこの法師、

「(履物の)紐も解かず足も濡らさないと言うの(が賦物)だよ」と言ったところ、この法師は、

うち聞きて、二三反ばかり詠じて、「おもしろく候ふ物かな」と言ひければ、

それとなく耳にして、二三度ほどつぶやいて、「趣深いものですね」と言ったので、

いとどをかしと思ふに、「さらば、おそれながら、付け候はん」とて、

(Bは)ますます変だなと思うと、(Aは)「それならば、恐れながら、(私が句を)付けてみましょう」と言って、

名にし❸おふ花の白川わたるには

その名で有名な花咲く白川を渡る時には

と言ひたりければ、言ひ出だしたりける人をはじめて、(1)手を打ちてあさみ

と言ったので、言い出した人をはじめすべての名人たちは、手を打って驚嘆したのであっ

けり。さて、Aこの僧は、「いとま申して」とてぞ走り出でける。

た。そうして、この僧は、「お暇を申し上げさせて(いただきます)」と言って走り出たのであった。

後に、この事、C京極中納言聞き給ひて、「いかなる者にかと、返す返すゆかしく

その後に、この出来事を、京極中納言がお聞きになって、「(Aは)どのような者であろうかと、(Aの正体を)返す返す知り

こそ、いかさまにてもただ者にては❹よもあらじ。当世は、これほどの句など

たいものだ、どうみてもけっしてただ者ではないだろう。今の時代は、これほどの句を

付くる人はありがたし。あはれ、B歌よみの名人たちは、ぞくかうかきたりける

つける人などめったにない。ああ、歌を詠む名人たちは、恥をかいた

★★★ □**おもしろし**【面白し】形ク
①風情がある・趣深い

★★ □**あさむ**【浅む】動マ四
①驚きあきれる
②あなどる・見下す

★★★ □**ゆかし**【床し】形シク
①見[聞き/知り]たい
②心がひかれる

★★★ □**ありがたし**【有難し】形ク
①めったにない
②(めったにないほど)すばらしい

❸…「名にしおふ」の「し」は強意の副助詞。「しも」のように強意の係助詞「も」と併用される場合が多い。「し」の識別で出題される。

❹…副詞「よも」は打消推量の助動詞「じ」と呼応して「まさか…ないだろう」のように訳す。打消語と呼応し、「まったく・けっして・少しも」という意味を示す。「おほかた・つゆ・つやつや・かけて・たえて」などとともに覚えておくこと。

3

ものかな。(2)世の中のやうにおそろしき物あらじ。よきもあしきも、人をあなどる事あるまじき事」とぞ言はれける。

ものだなあ。世の中ほどおそろしいものはないだろう。身分の高い人も低い人も、人を馬鹿にしてはいけないと言うことだ」とおっしゃったという。

D伏見中納言といひける人のもとへ、E西行法師、行きてたづねけるに、(3)Dあるじはありきたがひたるほどに、F侍の出でて、「何事いふ法師ぞ」と言ふに、縁に尻かけて居たるを、「けしかる法師の、かくしれがましきよ」と思ひたるけしきにて、(4)侍どもにらみおこせたるに、簾の内に、筝の琴にて秋風楽をひきすましたるを聞きて、E西行、Fこの侍に、「物申さん」と言ひければ、「憎し」とは思ひながら、立ち寄りて、「何事ぞ」と言ふに、「簾の内へ申させ給へ」とて、

ことに身にしむ秋の風かな

伏見中納言といった人のもとに、西行法師が、行って尋ねたところ、（主人の）伏見中納言は外出していて行き違いになってしまったので、侍が出てきて、「何事を言う法師か」と言うと、（Eが）縁側に腰をかけて座っていたところ、（Fが）「変な法師が、このような馬鹿げたことをすることよ」と思っている様子で、（離れたところから）侍どもが西行法師をにらんでいると、（Eは）簾の中から、筝の琴の音色で秋風楽を見事に弾いているのを聞いて、西行が、この侍に、「申し上げたいことがあります」と言ったので、（Fは）「憎らしい」とは思いながらも、立って近づいて、「何か用事があるのか」と言うと、（Eが）「簾の中の人に申し上げなさってください」と言って、

（あなた様の琴の音色で、）格別に身にしむ秋の風であることよ。

□たがふ【違ふ】動八四／八下二　①違う・間違える　②そむく

□けし【異し・怪し】形シク　①変だ

□しれがまし【痴れがまし】形シク　①馬鹿げている・愚かである

□おこす【遣す】動サ四／サ下二　①よこす　②こちらに…する

❺…「言はれける」の「れ」は尊敬の助動詞「る」の連用形。受身・自発・可能・尊敬の意。未然形に接続する「る・らる」の用法をもう一度確認しておくこと。

と言ひでたりければ、「憎き法師の言ひ事かな」とて、かまちを張りてけり。

と言い出したところ、（Fは）「憎らしい法師の言いぐさかな」と言って、顔を平手で殴ったのであった。

E西行、はふはふ帰りてけり。

西行は、這う這うの体で帰ってしまった。

4

後に、D中納言の帰りたるに、「かかるしれ者こそ候ひつれ。❻張り伏せ候ひぬ」と

その後、伏見中納言が帰ってきたところ、（FがDに）「このような不届き者がおりました。（私が）張り倒しました」と

かしこ顔に語りければ、「E西行にこそありつらめ。ふしぎの事なり」とて、

かしこぶった顔で語ったので、（Dは）「（その不届き者とは）西行であったようだ。けしからんことだ」と言って、

心うがられけり。

嘆かわしくお思いになった。

5

Fこの侍をば、やがて追ひ出だしてけり。

（Dは）この侍を、すぐに追い出したということだ。

❻…「…張り伏せ候ひぬ」の「ぬ」は完了の助動詞「ぬ」の終止形。「ぬべし」のように推量の助動詞が続くと強意の意味となる他、未然形に接続する打消の助動詞「ず」の連体形「ぬ」と区別することができるようにしておくこと。

❹ 解答・解説

問1（答 Ⓓ あやしげなる）

連歌の名人たちの集まりにやってきて耳を傾けている僧の様子は、 **a** の後に「頭はをつかみに……うち着たるが」のようにみすぼらしく描かれている。「やむごとなし」は「高貴だ／立派だ／やむを得ない」と訳すク活用の形容詞であるから、ⒶとⒷでは通じないため選択肢から除外する。

Ⓒは「みすぼらしい」と訳すナリ活用の形容動詞「あやしげなり【賤しげなり】」の終止形であり、Ⓓは連体形。文末ではないので、Ⓓが正解となる。 **a** の後には名詞「法師（で）」を補って訳すこと。「法師の」の「の」は「～で」と訳す格助詞「の」の同格用法である。

問2（答 Ⓑ をかし）

空欄(ア)～(エ)の主体はすべて突然やってきたみすぼらしい僧に蔑みながらも興味を抱いている連歌の名人たちである。選択肢Ⓐ～Ⓓの古語は以下のような意である。

Ⓐ ゆかし…脚注を参照（☞30頁）
Ⓑ をかし…①趣がある ②かわいい ③妙だ
Ⓒ おとなし…①分別がある ②大人びている
Ⓓ かしかまし…①うるさい

以上のことから、ここにはみすぼらしい僧に対して関心を持っている意味を表すⒷを正解とすること。Ⓐの「ゆかし」と迷うが、(ウ)の箇所に侮蔑のニュアンスがあることに注意すること。古語の微妙なニュアンスの理解が決め手になる。

問3（答 Ⓓ 手を打って驚嘆したのであった）

手（名）／を（格助）／打ち（四[用]）／**て**↓／あさみ（四[用]）／けり（過去[終]）

傍線部(1)は、みすぼらしい様の僧を見て侮っていた連歌の名人たちが、すばらしい付け句をした僧に仰天する場面である。

「あさみ」とは「驚きあきれる」と訳すマ行四段活用動詞「あさむ【浅む】」の連用形。この意味が含まれる選択肢を選ぶと、正解はⒹしかない。

問4（答Ⓐ 世の中ほどおそろしいものはないだろう）

傍線部(2)は、外見で相手を見下した連歌の名人たちにむかって京極中納言が発した言葉である。

この世の中には、身分の上下とは関係なくどこにすばらしい実力を持つ人物がいるかわからないので、油断してはならないというように戒めている箇所であると考えること。

正解はⒶ。

問5（答Ⓓ 伏見中納言は外出していて行き違いになってしまったので）

ある侍が西行を不審者と誤って平手打ちにしたのは、あるじの伏見中納言が他の場所に出向いて留守中のことである。Ⓐのように主人は西行のもとに出かけておらず、Ⓑのように西行は主人に仕えていない。西行と主人（伏見中納言）は友人関係と考えること。

また、Ⓒのように上司が怪我をしていたのが来客と応対できなかった理由であるという記載もない。

Ⓓは、「あるじはありきたがひたるほどに」という、外出中の伏見中納言と行き違いになったことが本文中に記されているため、Ⓓが正解になる。

問6（答Ⓒ 得体の知れない僧が素性も明かさず、邸内で傍若無人にふるまっているから。）

侍たちが西行を睨みつけた理由は、傍線部(4)の前にある「縁に尻かけて居たるを、『けしかる法師の、かくしれがましきよ』と思ひたるけしきにて、」にあるように思われる。伏見中納言の邸宅にあらわれた僧は名も告げず、縁側に腰かけている。この態度はいかにも傍若無人である。「しれがましき」は「馬鹿げている・愚かである」と訳す、シク活用の形容詞「しれがまし【痴れがまし】」の連体形。侍たちはふてぶてしい西行の態度を見て、睨み据えたのである。西行の態度はⒷと迷うが「馴れ馴れしい」というよりは、「ふてぶてしい」に近い。よって、正解をⒸとする。

問7（答Ⓐ 侍）

傍線部(5)の前に、西行が侍たちに「物申さん（＝申し上げたいことがあります）」と話している記載がある。となれば『何事ぞ』」の箇所は、西行のことを不遜な奴だと思いながら応対していた人の発言であると考えることができる。正解はⒶ。

問8（答Ⓑ　Xつれ　Yらめ）

空欄XとYの前に文末を已然形にする係助詞「こそ」があるので、双方とも活用語の已然形が入ると考える。二箇所とも已然形であるのはⒷのみである。

問9（答Ⓒ　この文章は、ある人物の能力を外見にはかかわらずに判断することの重要性を説いている。）

本文の内容と照らし合わせると、以下のように判断することができる。正解はⒸ。

Ⓐ＝×…法師は自らが句を詠んだことが恥ずかしくなってその場から姿を消したわけではない。

Ⓑ＝×…西行の訪問の理由が、伏見中納言の北の方の演奏に心惹かれたためというのは間違い。

Ⓒ＝○…前半の連歌の名人も後半の侍も、みすぼらしい外見で人を判断して失敗をしている。

Ⓓ＝×…京極中納言と伏見中納言が、風雅の才をあらゆる事柄よりも優先させる人物であるとは描かれていない。

問10（答Ⓑ　願はくは花の下にて春死なむそのきさらぎの望月のころ）

いずれも有名な句なので、百人一首や国語便覧に挙げられている有名な和歌は一通りチェックしておくこと。正解はⒷ。

ちなみに、ⒶⒸⒹの和歌はすべて百人一首に所収されているが、Ⓑの西行の歌だけ百人一首の所収歌ではない。

一方、百人一首にとられている西行の歌は以下の句（百人一首86番）である。

嘆けとて月やは物を思はする
かこち顔なる　わが涙かな

（『千載和歌集』15・恋5・929・西行）

【訳】嘆けと言って月が物思いをさせるだろうか、いやそんなことはない。なのに物思いを月のせいにしてこぼれ落ちる私の涙であることよ。

また、Ⓐ～Ⓓの訳は以下の通りである。

Ⓐの訳…春が過ぎ去り、夏がやって来たようだ。（夏の風物である）真っ白な衣が天の香具山には干されているということよ。

Ⓑの訳…叶うことなら(私は)桜の花のもとで春に死にたいものだ。その陰暦二月の満月のころに。

Ⓒの訳…駿河の田子の浦の見晴らしのよい所に出て見たところ、真っ白な高い富士山に雪がしきりに降っていることだ。

Ⓓの訳…花の色ははかなく色あせてしまったなあ。長い雨が降り続いているうちに。それと同じく、この私も盛りを過ぎてしまったことよ。むなしく物思いにふけっているうちに。

問11 （答 ㋩ **古今著聞集** ㋬ **十訓抄**）

『今物語』は、鎌倉時代初期に成立した説話集である。選択肢の中で説話集であるのは㋩と㋬。『今物語』の筆者は当時有名な歌人であった藤原信実。和歌や連歌に関わる五三話が収録されており、その内容の種類は実に多岐にわたる。恋愛話や怪奇話、滑稽話などのジャンルや、貴族から庶民までの幅広い人物が登場するなど、万人に受ける作品が収録されている。

選択肢にある作品の詳細は、巻末の文学作品一覧を参照して確認しておくこと（☞148頁）。作品名と成立時代とジャンルはセットで覚えておくことが望まれる。

作品紹介

『今物語』（藤原信実《のぶざね》／鎌倉時代初期）

～連歌雑感～

今回は歌に関わる二つの逸話でした。

一つ目の話に登場する「連歌」には、和歌の上の句（または下の句）に下の句（または上の句）を付ける一句連歌《いっくれんが》（短連歌）と、五七五、七七、五七五、七七…のように延々と続けていく長連歌があります。一句連歌は平安後期、長連歌は鎌倉時代から江戸時代初期に流行しました。

二つ目の話に登場する西行法師は、平安末期から鎌倉初期の歌僧として知られる歴史的にも有名な人物。当時、歌の名人の名をほしいままにした人物と言われています。西行は、『新古今和歌集』には九四もの歌が選ばれ、同作品中最多採録されたのですね。その西行にまつわるお話が、この『今物語』で見ることができます。

ところで皆さんは百人一首で遊んだことがありますか。和歌の上の句を詠んで下の句を言い当てたり、下の句を詠んで上の句を言い当てたりする遊びです。一句連歌の形式に酷似していますね。ボクはこの遊びが比較的得意でしたが、競技カルタをしている人と対戦したところ手も足もでませんでした。挙句の果てに頭を突き出して相手が札をとるのを阻止したところ、場が異様なムードに包まれてしまったことがあります。これではもはや優雅ではなく滑稽ですね。

そういえばこの「挙句の果て」の「挙句」というのは長連歌の最後の句を指すようです。長連歌の一番始めの「五七五」を「発句《ほっく》」と呼びます。この「発句」が独立したものが俳句だと考えてください。

第4回 解説 EXPLANATION

物語『今鏡』

語数
392語
得点
/50点
問題頁
P.17
古文音声

❶読解のポイント

石清水の放生会の開催や、石清水の行幸の際の倹約令など様々な慣例を発案した有能な帝のお話です。基本的に、後三条天皇には二重尊敬と最高敬語が使用されていることに注意して読解していきましょう。地の文では天皇以外の登場人物には二重尊敬が用いられていません。また、天皇自身の会話文には丁寧語が使用されていませんが、それ以外の人々の天皇に対する会話文には丁寧語が使用されていることにも気づきましょう。

〈あらすじ〉　後三条帝は非常にすばらしい人物で、勇ましさも優雅さも兼ね備えていたという。様々な試みをし、見事な治世を行なった。まだ皇太子であった頃ずっとその地位にあり続けることが不安視されていたが、その後、比類のないほどの名君になったのであった。

❷登場人物

A **この帝・東宮**…東宮（皇太子）であったときは、反対勢力の存在のため、地位が危ぶまれることがあったが、無事即位し、さまざまな行事を敢行させた。非常に気の強い性格であったが、情け深い面も持ち合わせていたという。

B **経成といひし人**…Aがまだ東宮でいらっしゃったとき、罪を犯した人が侵入しているとのうわさを耳にし、護衛するためにAのもとにCを派遣した。Cの長官にあたる人物。

C **検非違使**…Bの命を受けて、Aの周辺を護衛する役人。

D **衛門権佐行親**…人相の占いができる人物。Aが即位し、善政を行なうことになるのを予見した。

3 全文解釈

（重要語／助動詞／接続助詞／尊敬語／謙譲語／丁寧語）

1

A この帝、世をしらせ給ひて後、世の中みな治まりて、今に至るまでそのなごりになむ侍りける。猛き御心もおはしましながら、またなさけ多くぞおはしましける。石清水の放生会に、上卿、宰相、諸衛のすけなど立てさせ給ふ事も、この御時より始まり、仏の道もさまざまそれよりぞ、まことしき道はおこりける事多く侍るなる。❶

この帝が、この世をお治めになられてその後、世の中はすべて治まって、現在に至るまで（の恩恵）はその名残であったのです。（Aは）勇猛な御気性もおありになりながら、また風流心も多分に持ち合わせていらっしゃった。石清水の放生会の時に、上卿、宰相、六衛府の次官などを就かせなさるような試みも、この帝の時代から始まり、仏事もさまざまでそれよりも、本格的なやり方で始まった事が多くおありになったということです。

2

石清水の行幸、初めてせさせ給ひけるに、物見車の外金物打ちたるを、御輿とどめさせ❷給ひて抜かせ給ひける。その中に御乳母子の車より、「いかでか我が君の行幸に、この車ばかりは許され侍らざらむ」と聞こえければ、

（Aが）岩清水八幡宮へのお出かけを、初めてなさったときに、見物車の外側に金具が取り付けられていたが、（Aは）御輿を停めなさって、（わざわざ）抜かせなさった。その中で御乳母子の車から、「どうして自分の君主にあたる人のお出かけに、この車だけは（金具を取り付けを）許されないのでしょうか」と申し上げたところ、

単語・文法・解説

☐しる【治る・領る・知る】動ラ四　①治める　②交際する

☐なさけ【情け】名　①風流心　②男女の情愛

☐ぎやうがう【行幸】名　①天皇のお出かけ

❶…助動詞の「なり」には断定と伝聞・推定の二通りの意がある。上接する語の活用の形だけでは識別が難しいが、意味合いから前者を伝聞・推定、後者を断定と判断する。

❷…使役・尊敬の助動詞「す・さす・しむ」は、「…に」のような使役の対象が見られない場合は尊敬と判断する。帝は御輿を止めたのは帝であり、外金を抜いたのは供の者であると判断する。

3

（その由をや奏しけむ）、それは抜かれざりけるとかや。賀茂の行幸には、

そのことを（Aに）申し上げたせいだろうか、その車だけは（金具を）お抜きにならなかったということだ。賀茂神社

金物抜きたる跡ある車どもぞ、立ち並びて侍りける。

への行幸には、金物を外した跡のある（多くの）牛車が、立ち並んでいたということです。

❹東宮におはしましける時、世のへだて多くおはしましければ、(2)危ふく

（Aが）東宮でいらっしゃったときに、（Aに）世間で反発する人が多くいらっしゃったので、（東宮の位にあり続けること

思ほしめしけるに、検非違使の別当にて経成といひし人、直衣に柏夾して、

に）困難があるとお思いになっていたが、検非違使の長官で経成といった人が、直衣姿で柏はさみで、

白羽の胡籙負ひて参りて、中門の廊にゐたりける日は、「いかなる事の出で

白羽の胡籙を背負って参って、（邸宅の）中の門の廊下に居た日は、「いったいどういうことが起

来ぬるぞ。」と宮の中、女房よりはじめて、隠れ騒ぎけるとかや。おはします

こったのか」と宮中では、女房よりはじめて（多くの人が）、姿を隠して騒いでいたということです。（Aが）いらっしゃ

所、二条東洞院なりければ、そのわたりを軍のうち廻りて包みたりければ、

る所は、二条東洞院だったので、その周辺を（検非違使の）軍勢がぐるりと囲んだので、

「(3)かかる事こそ侍れ」など申し合へりけるほどに、別当の参りたりければ、

「検非違使の役人が東宮の御所を包囲していることが生じております」と（人々が）言い合っていたときに、長官が参ったの

東宮も御直衣(4)たてまつりなどして、御用意ありけるに、別当の、検非違使召し

で、東宮も御直衣を**お召しになったり**などして、ご準備なさっていたときに、長官が、検非違使をお呼び

□たてまつる【奉る】動ラ四
①差し上げる
②〜申し上げる
③お召しになる

❸…助動詞「けむ」は、「いか…・など…／**や**・か／已然形＋ば、」が動詞の上にある場合は、〔過去の〕**原因推量**の意味になります。

❹…東宮（春宮）とは皇太子のこと。今回の『今鏡』は、後三条天皇にスポットを当てて論じた文章であるから、この東宮は後三条天皇であると考えること。

て、「犯しの者は召し捕りたりや」と問はれければ、「既に召して(5)侍り」といひ

になって、「罪を犯した者は召しとったか」とお尋ねになられたので、（Cは）「すでに召しとってございます」と言っ

ければこそ、ともかくも申さでまかり(6)出でられにけれ。重く過ちたる者の、

たので、（Bは）なんとも申し上げずにお出ましになられたということだ。　重い犯罪をした者が、

おはします近きあたりに籠りたりければ、うち包みたりけるも、「もし東宮に

（Aの）いらっしゃる近いところに籠っていたので、　取り囲んでいたとしても、「もしかすると東宮のところに

逃げ入ることやある」とて参りたりけるなりけり。❶「かやうにのみ危ぶませ

逃げ入るかもしれない」ということで（Cが）参ったということであったよ。（Bは）「このようなことばかり（が起こり、

給ひて、東宮をも捨てられやせさせ給はむずらむ」❺と思ほしけるに、殿上人

そのことを）危ぶみなさって、東宮の位を放棄なさるのではないか」とお思いになったが、　殿上人で

にて衛門権佐行親と聞こえし人の、相よくするおぼえありて、いかにも天の

衛門権佐行親と申し上げた人が、　人相占いを上手にする自信があって、必ず（Aが帝になって）天

下しろしめすべき由、申しけるかひありて、かくならびなくぞおはしましける。

下をお治めになるだろうことを、申したその甲斐もあり、　このように（帝として）並ぶ者がなくていらっしゃった。

□ともかくも　副
①どのようにでも
②なんとも

□かや《ヨ》うなり【斯様なり】形動ナリ
①このようだ

□★★★おぼえ【覚え】名
①寵愛　②評判・人望　③自信

□しろしめす【知ろし召す】動サ四
①知っていらっしゃる
②治めていらっしゃる

❺…この箇所に見られる「むずらむ」の「むず」は推量の助動詞「むず」の終止形で、「らむ」は現在推量の助動詞「らむ」の連体形。古文にはまれに推量の助動詞が続く場合があるのでチェックしておくこと。

❹ 解答・解説

問1（答 (1)イ 受身の助動詞の連用形　(6)ヘ 尊敬の助動詞の連用形）

いかで（副）／か（係助）／我（代名）／が（格助）／君（名）／の（格助）／行幸（名）／に、（格助）こ（代名）／の（格助）／
車（名）／ばかり（副助）／は（係助）／許さ（四[未]）／れ（受身[用]）／侍ら（ラ変[未]）／ざら（打消[未]）／む（推量[体]）

傍線部(1)の「れ」は、「許さ」というサ行四段活用動詞「ゆるす【許す】」の未然形と接続しており、「侍ら」という用言が続いているから、受身・自発・可能・尊敬の意の助動詞「る」の連用形「れ」であることがわかる。受身か尊敬かで迷うが、この牛車だけは帝に許されるだろうと解釈し受身の意にとること。尊敬の意と判断した場合、主体は天皇になる。天皇の敬意を「れ」という尊敬の助動詞だけで表現するのは、本文の敬語の使用例から考えて困難であるため、正解はイ。

ともかくも（副）／申さ（四[未]）／で↓／まかり（四[用]）／出で（下二[未]）／られ（尊敬[用]）
／に（完了[用]）／けれ（過去[已]）

傍線部(6)の「られ」の後に完了の助動詞「ぬ」の連用形「に」が続いていることにより、選択肢をイ・ニ・ヘに絞ることができる。この一文の主体は検非違使の長官である経成であるので、ここは尊敬の意ととる。正解はヘ。この箇所が尊敬の意になるので、消去法により傍線部(1)を受身とすることもできる。

問2（答 ホ 東宮の位にあり続けることに困難があるだろうとお思いになる。）

傍線部(2)「危ふく思ほしめしける」の「思ほしめし」の主体は東宮である。東宮が危機感を募らせていた内容は、傍線部から離れた箇所にあることに気づくこと。

かやうに（ナリ[用]）／のみ（副助）／危ぶま（四[未]）／せ（尊敬[用]）／給ひ（四[用]）／て、↓／
東宮（名）／を（格助）／も（係助）／捨て（下二[未]）／られ（尊敬[用]）／や（係助）／せ（サ変[未]）／させ（尊敬[用]）／
給は（四[未]）／むず（推量[終]）／らむ（現推[体]）

この箇所と対応していると捉えれば、傍線部(2)は東宮の地位に居続ける困難さを指し示していると判断することになり、正解をホにすることができる。

このように正解の根拠となる箇所は直前と直後だけでは

なくかなり離れた場所に見られることもあるので、「何かしっくりしないな」と思ったら、安易に解答を決めず一旦答えを保留し、じっくりと文章を読むことも大切である。

問3（答 ㋺ 検非違使の役人が東宮の御所を包囲していること。）

傍線部(3)「かかる事」は直前の「おはします所、二条東洞院なりければ、そのわたりを軍のうち廻りて包みたりければ、」の内容を指示しているように思われる。

当時の皇太子の御所が「二条東洞院」であり、重罪を受けた者が近くに潜入したことを受けて、捕縛するために検非違使がまわりを包囲したことを告げている。正解は㋺。

問4（答 (4)㋺ 東宮　(5)㋥ 別当）

傍線部(4)「たてまつり」は主語が東宮であるから、謙譲語ではなく「お召しになる」の意の尊敬語であると考えること。尊敬語は主体に対する敬意であるから、解答は㋺である。

傍線部(5)「侍り」は「…です・…ます」の意の丁寧の補助動詞である。「既に召して侍り」は、検非違使が長官である経成に、「不法侵入者を捕らえました」と報告している箇所である。会話文の中の丁寧語は話し手から聞き手に対する敬意を表すから、長官である別当に対する敬意だと判断すること。正解は㋥。

問5（答 ㋩ 相）

古代では人物の将来を予見するための占い（相）がしきりに行われていた。例えば『源氏物語』にも、主人公の光源氏の将来の姿を予見しそれを的中させた人物が登場する。

本文に記載のある「衛門権佐行親」もそのような占いを得意とする人物であり、東宮の即位を予見し、的中させたと考えること。一種の古文常識の問題である。正解は㋩。

問6（答 ㋑ 石清水八幡宮への初の行幸の折に、この帝は物見車の華美な金物を見とがめて、それを抜くようにと指示した。

㋩ 検非違使の別当は、潜伏中の犯人が東宮御所内へと逃げ込んだ可能性を疑って、御所の中門の廊へやってきた。）

選択肢㋑〜㋬と本文の関係は以下のようになる。

㋑＝○…この帝が物見車の華美な金物を見とがめて、それを抜くようにと指示したというのは正しい。

㋺＝×…東宮御所の女房たちは自分たちがつかまえられると思い込んでいない。

㋩＝○…検非違使の別当が、潜伏中の犯人を追って御所の中門の廊へやってきたというのは正しい。

㋥＝×…検非違使の役人たちが親身になってくれたとは述べられていない。

㋭＝×…「周囲から見捨てられる」という解釈は不適切。東宮が自らの役職を放棄するのではないかと危機感を募らせていたというのが正しい。

㋬＝×…行親がよき相談相手となっていたというのは本文の内容と異なる。

問7（答 **大鏡→今鏡→水鏡→増鏡**）

四鏡《しきょう》とは四つの歴史物語を指す。四作品を成立順に列挙すると、「**大鏡→今鏡→水鏡→増鏡**」の順になる。よく「大今水増」として覚えられることがある。入試に頻出するので巻末の文学史一覧を参照（☞148頁）して記憶しておくこと。

また、藤原道長の栄華を中心に扱った作品として、平安後期に成立した『栄花物語』も巻末の文学史一覧の参照しながら記憶しておくこと。道長に近い人物の手による作品であるため、同様の内容である『大鏡』と比べると、批判的精神は乏しく感傷的である。

作品紹介

『今鏡』 〜老人に語らせてしまえ〜

（藤原為経《ためつね》／平安時代後期）

『今鏡』は平安後期に成立した歴史物語です。作者は平安時代後期の歌僧である藤原為経。後一条天皇から高倉天皇までの十三代、百四十六年間の歴史を扱っています。『竹取物語』『源氏物語』などの作り物語（いわゆる創作物語）と異なるのは実際にいた人物のことを扱っている点でしょう。

時代内容が最も古いのは『水鏡』。初代天皇の神武帝から語り始め、『大鏡・今鏡・増鏡』と時代順にバトンタッチしていきます。

『今鏡』は、紀伝体という個人の伝記を中心にまとめた手法の作品です。それに対する編年体とは、歴史の教科書のように年代順に示したものと考えてください。四つの作品はすべて老人が歴史を語るという設定になっています。「昔話だから生き証人の大老人に語らせてしまえ」というわけなのですね。

ちなみに『大鏡』の語り手の一人の大宅世継はなんと一九〇歳のお爺さんであり、『今鏡』の語り手あやめは一五〇歳のお婆さん。このような大長老が実際に体験したことをありのままに語らせるという設定なのです。鏡には本当の姿しか映らないということで、すべての作品に「鏡」が付けられているのですね。古代より老人は歴史の語り部として大活躍しています。故事は歴史の勝者に都合のいいように綴られる場合がありますが、そうはさせないよと言わんばかりに自由気ままに意見を述べているのは非常に痛快です。子供の頃、いつも祖父母の話す昔話を聞いていたボクにとって。

第5回

解説 EXPLANATION

物語『平中物語』

語数
484語
得点
/50点
問題頁
P.21
古文音声

❶読解のポイント

ここでは「習わし（古文常識）」に留意しながら読解していきましょう。女は歌を詠んだり声をかけたりして近づいてくる男に対して気乗りのしない場合、気安く返事をしたり歌を詠んだりしません。一方、好印象を抱いた場合積極的に返事や返歌をしたりします。馬の暴走前と後での女の心境の変化を、会話や歌のやり取りから推察してください。

〈あらすじ〉 同じ男には、うわさに聞くだけで、まだ声をかけたことがないがいつの日にか深い仲になりたいと考える女がいて、その女の家の周辺を歩きまわっているそうだ。声をかけたところ、返事をしてくれる者もいてまずますの好感触である。そんな最中、男の馬が何かに驚いて走り去る。それを男の正妻が行った嫌がらせだと判断した女たちは、それまでの態度を硬化させてしまった。男が歌を詠むも返事はするが、やりとりは続かず、そのまま立ち消えになってしまったのであった。

❷登場人物

A **この同じ男**…平中のこと。気になるBの近くを通って歩き、声をかけると内側から返事があったので馬から降りて話をする。馬が何かに驚いて暴れたことを邪推され、交際に発展させることができなかった。

B **女**…Aが恋慕する女性、女主人。以前からAに興味を抱いていたが、次第に懐疑的になり歌の返事もしなくなる。

C **わらは一人**…Aが召し使う童子の中の一人。他の童子が暴れ馬を追いかけている時に、Aのもとに留まって目につくように歩く。そのことをAにたしなめられる。

D **妻**…Aの正妻。この文章の中には直接登場しない。

1

3 全文解釈

（重要語／助動詞／接続助詞／尊敬語／謙譲語／丁寧語）

また、このおなじ男、聞きならして、まだものはいひふれぬ、ありけり。

また、この同じ男は、うわさには聞いているが、まだ言葉を交わしていない、（女が）居たのであった。

「いかでいひつかむ」と思ふ心ありければ、つねにこの家の門より❶ぞ、歩きける。かうありけれど、いひつくたよりもなかりけるを、月などのおもしろかりける夜ぞ、かの門の前渡りけるに、女ども多く立てりければ、馬よりおりて、この男、ものなどいひふれけり。いらへなどしける、男「うれし」と思ひて、立ちとどまりにけり。

（Aは）なんとかして（気持ちを）告げたいと思う心があったので、いつもこの（女の）家の門を通って、歩いたのだった。このようにはしていたが、（Bに）いい寄る手段もなかったのを、月などが風情のあったその夜、（Aは）あの（Bの）門の前を通ったが、女たちが多く（そこに）立っていたので、馬から降りて、この男は、それとなく言葉をかけたのだった。（Bが）返事をしたのを、男は嬉しいと思って、立ち止まったのであった。

この女ども、男の供なりける人に、「たれぞ」と問ひければ、「その人なり」とぞ❷答へけるに、この女ども、「音にのみ聞きつるを、いざ、呼びすゑて、ものいはむ、いかがあると聞かむ」とて、

この女たちは、男の供人であった人に、「（あなたたちの主人は）誰でしょうか」と尋ねたので、（供人は）「誰々という人だ」と答えたところ、この女たちは、「うわさに聞くだけでしたのに、さあ、こちらに呼んで座って、何か話そう、今どのようなことをしているのか聞こう」と言って、

単語・文法・解説

□たより【頼り・便り】名　①機会・ついで・手段　②縁故・よりどころ　③手紙・音信

□おもしろし【面白し】形ク　①風情がある・趣深い

□おと【音】名　①便り・訪れ　②評判・うわさ　③音（色）・声

❶…この「より」は「～を通って」と訳す格助詞「より」の経由の用法である。

❷…「ぞ」は文末を連体形で結ぶ係助詞だが、本文の次の箇所は結びの語「けり」に接続助詞「に」が付いたため、結びが消滅している。「ける」は連体形だが、これは結びではなく連体形接続の接続助詞「に」が続いているからである。

5

「おなじうは、この庭の月をかしきをも見せむ」といひければ、この男、「なにのよきこと」とて、もろともに入りにけり。女ども集まりて、簾のうちにて、

（Bは）「同じことなら、❸この庭の月の風情のあるのを見せよう」と言ったので、この男は、「なんとすばらしいことだ」と思って、（Bと）ともに入ったのであった。女たちも集まって、簾の中で、

「あやしう、音に聞きつるが、うつつに、よそにても、ものをいふこと」と、男も女もいひかはして、をかしき物語して、女も、心つけてものいふありけり。集まりてものいふなかに、男も、あやしく、うれしくて、「いひつきぬること」など思ひてをりけるほどに、この男の乗れる馬、ものに驚きて、引き放ちて、走りければ、わらはべみな馬につきていにければ、わらは一人❷ぞ、

「不思議なことに、うわさに聞いていたお方が、現実に、少し離れているが、お話ししていることよ」などと、男も女もお互いに話して、風情のある話をして、女も、好意をもって何か話す者もいたのであった。集まって話をするうちに、男も、不思議で、嬉しくて、（うまく）言い寄ることができたなどと思っていたところ、この男の乗っていた馬が、物音に驚いて、（つないでいる縄を）ひきちぎって、走り出したので、童たちがすべて馬を追って去ってしまったところ、一人の童が、

とどまりて、見えしらがひ、歩きける。されば、この男、かたはらいたがりて、招きて、「なにごとぞ」といひければ、されば、「早う隠れよ」とて、追ひ込めて

（Aのところに）とどまって、わざと目に付くように歩いたのだった。そうしたので、この男は、**きまりが悪くなって**、（Cを）呼んで、「何事か」と尋ねたら、（Aが）「早く姿を隠せ」と言って、追い立てて

□**あやし**【賤し・怪し】形シク
①みすぼらしい　②不思議だ　③身分が低い

□**うつつ**【現】名
①現実　②正気

□**かたは《ワ》らいたし**【傍ら痛し】形ク
①気の毒だ　②きまりが悪い

❸…活用語の連用形に係助詞「は」が接続すると、仮定の意味になる。この「おなじうは」はシク活用の形容詞「おなじ」の連用形「おなじく」のウ音便に係助詞「は」が続いた形。

けり。それを、この女ども、「なにごとぞ」と問ひければ、「なにごとにもあらず、馬なむものに驚きて放れにけり」と、男答へければ、「いな、これは、夜ふくるまで来ねば、妻のつくりごとしたるなめり。❹あな、むくつけ、はかなきたはぶれごとさへ、いふ妻持たらむものはなにかすべき」と、心憂がり、ささめきて、みな隠れぬ。この女どもに、この男、「あな、わびしや、❺さらにさもあらず」といひければ、❺さらに聞かず。はては、ものいひふれむ人もなかりければ、よろづの言葉をひとりごちけれど、さらに答へする人もなかりければ、いひわびてぞ、いでて来にける。さて、つとめて、しぐれければ、男、かくいひやる。

しまった。その様子を、この女たちは、「何事か」と尋ねたところ、「何事でもなく、馬が何かに驚いて逃げただけです」と、男が答えたところ、（Bは）「いいえ、これは、（Aが）夜が更けるまでやって来ないので、妻がわざと事を起こしたのであるようだ。ああ、風情のない、つまらない冗談でさえも、苦情を言う妻を持っているような男はどうしようもないわ」と、嫌がって、囁きながら、すべての女は隠れてしまった。この女たちに、この男は、「ああ、つらいよ、全くそういうことはありません」と言ったが、（Bは）まったく聞かない。最後には、声をかけるような女もいなくなったので、（Aは）ぶつぶつと様々の独り言を言ったが、まったく返事する女性もいなかったので、話しかねて、（AはBの家から）出てしまったのであった。そうして、翌朝、時雨が降ったので、男は、（Bに）このように歌を詠んで送る。

- □いな【否】感　①いいえ
- □はかなし【果無し】形ク　①つまらない・はかない　②頼りにならない
- □こころうし【心憂し】形ク　①つらい　②嫌だ
- □わびし【侘し】形シク　①さびしい　②つらい
- □つとめて　名　①早朝　②翌朝
- □やる【遣る】動ラ四　①はるかに…する　②（人や物を）送る

❹…断定の助動詞「なる」に推定の助動詞「めり」などが続くと「…であるようだ」と訳し、「なんめり（なむめり）」の「ん（む）」のように撥音便化する。

❺…副詞「さらに」は打消語と呼応し、「まったく・けっして・少しも」と訳す。

さ夜中に憂き名取川わたるとて濡れにし袖に時雨さへ降る

❻夜中に嫌な評判を立ててしまい名取川を渡って帰ろうとして涙で濡れた袖に時雨さえも降りそそぐことよ。

とある返し、

と詠んだ歌の返事は、

E 時雨のみ❻ふるやなればぞ濡れにけむ

時雨が濡れるような古い家に（奥様と）住んでいたから（袖が）より濡れたのだろう。

立ち隠れむことやくやしき

（私たちが）隠れたためではないでしょうに、なぜそんなに悔しいのでしょう。

とありけるに、喜びて、またものなどいひやれど、いらへもせずなりにければ、

と（Bから）あったので、（Aは）喜んで、再び歌を詠んで送ったが、（それっきりBからの）返事がこなくなってしまったの

ば、いはでやみにけり。

で、（AはBに）手紙を送ることもなくなってしまった。

☐★★★うし【憂し】形ク
①つらい ②嫌だ ③冷たい

☐くやし【悔し】形ク
①悔しい

☐★★いらふ《ウ》【答ふ・応ふ】動ハ下二
①返事する ②返歌する

❻…「さ夜中に…」の歌の中の「名取」には「名を取る」の意と「名取川」という地名の一部、「時雨のみ」の歌の「ふるや」には時雨が「降る夜」と「古屋」がかけられている。

❼…副助詞の「さへ」は「その上…までも」と訳す添加の意の副助詞である。ここでの「さへ」は袖の涙に時雨までもが加わったというニュアンス。

❹ 解答・解説

問1（答 ㋑ 男が女に言い寄る手段もなかったのを）

いひ（四[用]）／つく（四[体]）／たより（名）／も（係助）／なかり（ク[用]）／ける（過去[体]）／を（接助《単接》）

前の文に「いかでいひつかむと思ふ心ありければ、つねにこの家の門よりぞ、歩きける」とあることから、男が女に近づくために普段から家の周辺をうろついていたことがわかる。とはいえ、なかなか近づくきっかけが得られなかったのである。

「たより【頼り】」は「機会／縁故／手紙」などの意の名詞であるが、この箇所は「きっかけ・機会・手段」などといった意味が最適であると判断すること。よって、正解は㋑。

問2（答 ㋑ うわさに聞くだけでしたのに）

音（名）／に（格助）／のみ（副助）／聞き（四[用]）／つる（完了[体]）／を（接助《逆接》）

馬から降りた男を見て、女たちが男の供の者に男の正体を尋ねたところ、色好みで有名な平中であることに気づく。「音にのみ……聞かむ」及び「おなじうは……［Ｉ］」の箇所は、平中に興味を抱いた女性たちの会話である。

「音」には「便り／評判／音（色）」のような意味があるが、ここは「評判・うわさ」などと訳す。正解は㋑。

問3（答 ㋺ 見せむ）

［Ｉ］に入れると文脈がつながる適切な言葉を選ぶ問題。［Ｉ］の前後には「」が省略されている箇所が二つある。

この女ども、「音にのみ聞きつるを、いざ、呼びすゑて、ものいはむ、いかがあると聞かむ」とて、「おなじうは、この庭の月をかしきをも［Ｉ］」といひければ、

双方とも、男性の正体が平中であることを聞いて、女たちが非常に興味を示している会話文であるため、ここに見られる「ものいはむ・聞かむ」の「む」は、それぞれ意志の助動詞であると判断することができる。したがって、［Ｉ］にも同様に意志の助動詞を伴った表現が入ると考えられるのである。よって、正解は㋺になる。

問4（答 ㋩ 女たちに間が悪い思いをして）

家の女たちと良い雰囲気になった折、間が悪く男の馬が暴れて逃げてしまった。童たちは馬を追っていくが、その童の中の一人がわざと男の目につくところで歩いている。男は優雅に振る舞い、女性の気をひこうと思っていたが、このような事件が起こってしまったのである。

> されば（接続）、／こ（代名）／の（格助）／男（名）、／かたはらいたがり（ク[用]）／て、／招き（四[用]）／て、／なにごと（名）／ぞ（係助）／と（格助）／いひ（四[用]）／けれ（過去[已]）／ば、

「かたはらいたがり」は、「気の毒だ／きまりが悪い」の意の形容詞「かたはらいたし【傍ら痛し】」の連用形。ここには良い調子で物事が進んでいたのに邪魔が入ってしまった時の、いたたまれない平中の心情が表現されているのである。ここは「きまりが悪くなって」くらいに訳すこと。よって、最も意味が近い㋩を正解とする。「かたはらいたし」という古語の意味をもう一度確認しておくこと。

問5（答 ㋥ 放れにける）

「なにごとにもあらず……馬なむものに驚きて［Ⅱ］」は女たちから「何が起こったのか」と尋ねられたときの男の返答である。

［Ⅱ］の前に係助詞「なむ」があるので文末は連体形「ける」。よって、正解を㋑と㋥に絞る。

ここからは馬が走って逃げてしまったという状況が考えられるため、空欄［Ⅱ］は「引き放ちて」の箇所と対応している語句が入ると判断すること。正解は㋥。

問6（答 ㋩ やきもちを焼く妻をもった男にあきれたから）

傍線部D「みな隠れぬ」の主体は女たちである。女たちの隠れた理由は、前文の「いな、これは、夜ふくるまで来ねば、……いふ妻持たらむものはなににかすべき」という男に対する会話文の箇所にあると判断すること。女たちは馬が暴れて逃げ出し、童たちが右往左往しているのを、男の正妻が嫌がらせをしたのではないかと勘違いしてしまったのである。

ちなみに『源氏物語』などにも、男の正妻が側室である女に嫌がらせをする場面があるように、正妻が男の交際して

いる別の女性に嫌がらせをするというのは珍しいことでもない。このように古文常識があると非常に解答しやすくなることがある。よって、正解を㋩にすることができる。

問7（答）㋭ **あなた様は時雨が漏れるような古い家に奥様と住んでいたから袖が濡れたのでしょう。私たちが隠れたためではないでしょうに、なぜそんなに口惜しいのでしょう。**）

男は、返事をしなくなった女に以下の「さ夜中に」歌を送った。「名取川」は、女に悪い印象を持たれてしまったという意の「（悪）名を取り」と「名取川」という地名が掛詞になっていて、悲しみの涙に時雨まで加わってびっしょりと袖が濡れてしまったと詠んだのである。

さ(接頭)／夜中(名)／に(格助)／憂き(ク[体])／名取川(名(掛詞))／わたる(四[終])／と(格助)／**て**／
濡れ(下二[用])／に(完了[用])／し(過去[体])／袖(名)／に(格助)／時雨(名)／さへ(副助《添加》)／降る(四[終])

そして女は「ふるや」に「古（屋）」と「降る」を掛け、「奥様と住む家が雨漏りをするような古屋なので袖が濡れてしまったのであろう。（我々があなたから）隠れてしまったためではないのに、どうしてそんなに残念なのでしょう」と詠んで返したのである。

時雨(名)／のみ(副助)／ふるや(名(掛詞))／なれ(断定[已])／**ば**(接助《原因》)／ぞ(係助)／濡れ(下二[用])／に(完了[用])／
けむ(過推[体])／立ち隠れ(下二[未])／む(婉曲[体])／こと(名)／や(係助)／くやしき(シク[体])

このようなやり取りを踏まえて、選択肢を次のように判断すること。

㋑＝×…「私たちの古い家では時雨に濡れるからと、物陰に身を隠された」のように、古い家の対象が異なっていたり、身を隠す主体が男になっていたりするのは間違い。

㋺＝×…㋑と同様、身を隠す主体が男になっているのは誤りである。

㋩＝×…「奥様と別れたことを悲しんでいるあなた様」「古い家に住む私たち」などは本文の内容と食い違っているため間違い。

㋥＝×…㋑㋺同様、身を隠す主体が男になっているのは誤りである。

㋭＝○…身を隠した主体が女たちとなっているため、内容と一致している。これについては**問6**でも触れられて

5

いるため、内容をしっかり理解したうえで動作主体が誰かを考えて解くと答えやすくなる。

問8 （答）**伊勢物語もしくは大和物語**

『平中物語』は平安時代の歌物語である。この作品と同時代に成立した歌物語には伊勢物語と大和物語の二つがある。『伊勢物語』は、作者・成立年とも未詳の歌物語。最初の形は『古今和歌集』（905年）以前に成立しており、徐々に形を変えて、十一世紀以後に現在の形になったと見られている。六歌仙の一人で色好みとして有名な在原業平を主人公のモデルとしている。『大和物語』は、十世紀の中頃（951年頃）に成立した作者未詳の歌物語。『伊勢物語』や『平中物語』とは違って主人公に統一性はない。

なお、『平中物語』・『伊勢物語』・『大和物語』の三作品は、『源氏物語』以前に成立した六つの作品の内の三つであることも覚えておく。ちなみに、あとの三つは『竹取物語』・『落窪物語』・『宇津保物語』であるが、こちらも覚えておくとよい。詳しくは巻末の年表を参照（→148頁）すること。

作品紹介

『平中物語』

〜時を駆ける「平中」〜

(作者未詳/平安時代中期)

『平中物語』は平安中期の作者未詳の歌物語。「平中」とは実在の人物である平《たいらの》貞《さだ》文《ふみ》のこと。この人物の恋愛に関するお話です。『伊勢物語』の主人公の在原《ありわらの》業《なり》平《ひら》と並んで色好みの双璧とされています。ちなみに業平は「在中《ざいちゅう》」と呼ばれます。

優美でスマートな話の多い在中と違って平中は間の抜けた話が多いです。イケメンで歌も詠めてモテモテなのに、どこかドジで結局は失恋してしまうというお話ですね。

皆さんは藤原時平という人物をご存じでしょうか。時平が三九歳の若さで亡くなったのは、道真の祟りだとうわさされました。時平は道真以外の人にもむごい仕打ちをしたと言われています。

時平が藤原国経という老人を泥酔させ、眠りこけているうちに美人で有名な彼の愛妻を奪ってしまった話が『今昔物語集』にあります。その続きを谷崎潤一郎が『少将《しょうしょう》滋幹《しげもと》の母』という小説で次のように創作しました。

妻を奪われた夫の国経は失意のまま亡くなり、二人の間に生まれた息子の滋幹は母と離され、母は時平邸に閉じ込められてしまう。逢いたさのために時平邸に通う滋幹だが、次第に美しい母の顔がおぼろになっていく。そんな滋幹の前に平中が現れた。彼は滋幹の腕に歌を書き、腕を隠して母に見せてほしいと懇願する。母はすぐに平中の仕業であることに気づき、御簾を上げて腕に書かれた恋歌を見て感じ入っている。差し込む光のもとで滋幹は忘れかけていた美しい母の顔を脳裏に刻むことができた。……云々。

この小説に出逢ってからというもの、ボクは時を駆ける平中の人物像に非常に興味を持つようになりました。平中だったらこんな時、きっとこうしてくれるだろうと期待させるような。そんな人々の期待がつもりつもって、平中や業平みたいな希代の色好みが形づくられていったのだと思います。

日記『十六夜日記』

語数
304語
得点
/50点
問題頁
P.25
古文音声

❶ 読解のポイント

『十六夜日記』の筆者は阿仏尼《あぶつに》（安嘉門院四条《あんかもんいんのしじょう》）です。地の文において筆者の動作には謙譲語が、そしてお仕えしている安嘉門院や式乾門院《しきけんもんいん》の御匣殿《みくしげどの》には尊敬語が使用されていることに注意していきましょう。筆者が御匣殿に詠んだ「消え返り」「心から」のそれぞれの歌、御匣殿の返歌「一方に」にこめられた各々の心情を推し量りながら読解してください。**X**と**Y**の歌に使用されている掛詞や縁語にも注意を払えるといいでしょう。

〈あらすじ〉 裁判のために鎌倉に旅立つのが明日に迫った日、式乾門院の御匣殿においとまの挨拶をしようと出かけていったが、あいにく留守のため会えなかった。残念に思った筆者は手紙をしたため、御匣殿と心のこもったやりとりをしたのであった。

❷ 登場人物

私 **阿仏尼**…土地の訴訟のために鎌倉に赴こうとしている。旅立つ直前に同じ歌人の知り合いであるAに逢おうとしたが、留守だったので、文をしたため和歌を詠む。

A **式乾門院の御匣殿**…筆者の歌人仲間。文をしたため返歌する。

B **安嘉門院**…Aがお仕えしている御方。

1

3 全文解釈

（重要語／助動詞／接続助詞／尊敬語／謙譲語／丁寧語）

A式乾門院の御匣殿と聞こゆるは、久我の太政大臣の御女、これも続後撰より
式乾門院の御匣殿と申し上げるお方は、久我の太政大臣の娘様で、この人も『続御撰和歌集』〈起点〉か

打ち続き、二度三度の(1)集にも、家々の打聞にも、歌あまた入り給へる人なれ
ら続いて、二度三度の勅撰和歌集にも、家々の私撰集にも、（Aの）歌をたくさん入首なさっている人なの

ば、(2)御名も❶隠れなく❷こそは。今はB安嘉門院に、御方とて候ひ給ふ。東路思ひ
で、〈原因〉歌人として有名である。（Aは）今は安嘉門院に、御方と呼ばれてお仕えなさっている。鎌倉下りを思い

立ちし、明日とてまかり申しの由に北白河殿へ参りしかど、見えさせ給はざり
立った時、明日（出る）と別れの挨拶を申し上げるために（Aのいる）北白河殿へ参ったが、〈逆接〉（Aが）いらっしゃらなかったの

しかば、今宵ばかりの出立ち、もの騒がしくて、「かく」とだに聞こえあへず急ぎ
で、〈偶然〉（私は）今夜だけで準備をするのが、非常に物騒がしくて、（Aに）「今から出立します」とだけ❸〈希少〉でも申し上げること

出でしにも、心かかりて(3)おとづれ聞こゆ。「草の枕ながら年さへ暮れぬる
ができず急いで出てしまったことが、気がかりで手紙を差し上げる。（私はAに）「旅寝のまま年までも暮れてしまった

心細さ、雪のひまなき」など、書き集めて、
心細さ、雪の絶え間のないことよ」などと、あれやこれやと書いて、

(4)消え返りながむる空もかきくれて程は雲居ぞ雪になりゆく
消えそうになるほどもの思いにふける空も暗くなって都から遠く隔たったこの地の大空は、雪になっていく。

単語・文法・解説

□あまた【数多】副
①たいして〈↔打消〉 ②たくさん

□まかりまうし【罷り申し】名
①別れの挨拶に参上すること・いとまごい

□おとづる【訪る】動ラ下二
①音を立てる・声を立てる ②訪問する・訪れる ③たよりをする

□ひま【隙】名
①隙間 ②絶え間 ③不仲

□くもゐ《イ》【雲居・雲井】名
①宮中 ②大空

❶…「隠れなく」で「有名である」と訳す。

❷…係助詞の結びが省略されると、文末は係助詞で終わる。本文の以下の箇所は「あらめ」「侍らめ」などが省略されていると考えられる。

❸…副助詞「だに」には、「せめて…だけでも」と訳す希望の最小の用法と「…でさえ」と訳す類推の用法がある。

などと申し上げたところ、（Aから）折り返し（いただいた）そのご返事は、

など聞こえたりしを、立ち返りその御返し、

つてがあればと（あなたのことを）心に思い申し上げていたが、今日、十二月の二十二日、手紙を受けとることができて

❹便りあらばと心にかけ参らせつるを、今日、師走の二十二日、文待ち得て

稀に見るような嬉しい気持ちを、真っ先にすべて申し上げたいと思いますが、今宵は**方違えの天皇のお出まし**の

珍しく嬉しさ、まづ何事も細かに申したく候ふに、今宵は御方違の行幸の

御座所として、取り込み中、思いの程もどうして書くことができようかと**残念で**あります。旅立ちが明日ということ

御上とて、紛るる程にて、思ふばかりもいかがと本意なうこそ。御旅明日と

で（あなたの）ご訪問がありました日に限って、（Aは）峰殿の紅葉を見に行こうといって若い者たちが誘いました

て御参り候ひける日しも、峰殿の紅葉見にとて若き人々誘ひ候ひし

時に（外出してしまい）、後にあなた様のご来訪があったと聞きましたが、どうして（あなたは）「お別れです」と言っ

程に、後にこそかかる事ども聞こえ候ひしか、などや、「かく」とも御尋ね

候はざりし。

てお尋ねになることがなかったのですか。

X　一方に袖や濡れまし❺旅衣❻たつ日を聞かぬ恨みなりせ❺ば

並一通りに私の袖は濡れただろうに、（あなたの）旅立つ日を聞いていない**恨み**だけだったならば。

さてもこれより「雪になりゆく」と候ひし御返事は、

それでもこちらから「雪になりゆく」と詠んだ（私の）歌のご返事は、

□かたがへ【方違へ】名
①凶な方に行くのを避けて、別の方角にいく習わし

□みゆき【行幸】名
①天皇のお出まし

□**ほいなし**【本意無し】形ク
①残念だ ②物足りない

□うらむ【恨む】動マ上二
①憎く思う・恨む ②悲しむ ③不平を言う ④仕返しする

❹…「便りあらば……あはれぞ知る」までは御匣殿が筆者に送った手紙の引用である。ここに使用されている尊敬語の主語は筆者（あなた）、謙譲語の主体は御匣殿(私)であると考えること。

❺…反実仮想の助動詞「まし」は「…せば…まし」のような形をとるが、本文のように倒置になることも多い。

かきくらし雪降る空の眺めにも程は雲居のあはれをぞ知る

暗くして降る雪の空を（あなたが）もの思いにふけている折につけて都から離れたしみじみした心細さを知ることよ。

とあれば、このたびは又、「たつ日を知らぬ」とある御返事ばかりをぞ聞こゆる。

というご返事があったので、今回はまた、「たつ日を知らぬ」とあった（私への）ご返事だけについて申し上げる。

Y 心から何恨むらん旅衣たつ日をだにも知らず顔にて

自らのせいで（逢えなかったのに）何を恨んでいるのでしょう。私が旅立つ日さえも知らずに（紅葉を見て）いたくせに。

★★ **かきくらす【搔き暗す】** 動サ四
①悲しみにくれる
②辺り一面を暗くする

❻…本文の以下の和歌の双方の「たつ」は旅に出立するという意味の「立つ・発つ」と、衣類を裁断するという意味の「裁つ」が掛けられている。

❹ 解答・解説

問1（答 ⓓ 勅撰和歌集）

傍線部(1)の前にある「続後撰《しょくごせん》」とは、御嵯峨《ごさが》上皇の命により筆者の夫である藤原為家《ためいえ》が一二五一年に撰進した勅撰和歌集『続後撰和歌集』のことを指している。正解はⓓ。

為家は『続後撰和歌集』以外にも『続古今和歌集』（共撰）の撰集にも携わっている。本文の「集」とはそれらの勅撰和歌集のこと。「家々の打聞」が本文の注釈に見られるように私撰集を指していることにも注意する。なお、為家は八代集の最後『新古今和歌集』の撰者である藤原定家の実子である。

以下、勅撰和歌集の中でも覚えておくべき勅撰和歌集8集（八代集）を年代順に並べておく。

① 古今和歌集　② 後撰和歌集　③ 拾遺和歌集
④ 後拾和歌集　⑤ 金葉和歌集　⑥ 詞花和歌集
⑦ 千載和歌集　⑧ 新古今和歌集

問2（答 ⓑ 歌人として有名である。）

御名（名）／も（係助）／隠れ（下二[用]）／なく（ク[用]）／こそ（係助）／は（係助）

「御名」とは「式乾門院の御匣殿」の名声のこと。前文に、「続後撰より打ち続き、二度三度の集にも、家々の打聞にも、歌あまた入り給へる人なれば、」とあり、御匣殿が数々の勅撰集や家集に撰ばれるほどの名高い歌の名人であったことが記されているのがヒント。正解はⓑ。

問3（答 ⓒ 手紙を差し上げる。）

「おとづれ」は「声や音をたてる／訪問する／手紙を出す」の意のラ行下二段活用動詞「おとづる【訪る】」の連用形であり、「聞こゆる」が「…申し上げる・…して差し上げる」という謙譲の意のヤ行下二段活用動詞「きこゆ【聞こゆ】」の終止形である。ここで選択肢はⓐとⓒに絞られる。

傍線部(3)の後にある「消え返り」の歌が鎌倉に旅立つ際に、筆者が御匣殿に贈った手紙の中の歌であることにも注意して答えを選ぶ。正解はⓒ。

問4（答 ⓐ 消え入りそうなほど心細い作者の心情を、都から遠く隔たった雪降る寒空の情景と重ね合わせて詠んでいる。）

消え（下二[用]）／返り（四[用]）／ながむる（下二[体]）／空（名）／も（係助）／かきくれ（下二[用]）／
⬇て／程（名）／は（係助）／雲居（名）／ぞ（係助）／雪（名）／に（格助）／なり（四[用]）／ゆく（四[体]）

この和歌の中の「かきくれ」という表現に注意する。「かきくれ」は「悲しみにくれる／あたり一面が暗くなる」と訳すラ行下二段活用動詞「かきくる【掻き暮る】」の連用形。

筆者は、どんよりとした空の景色に自らの暗々とした心情を重ね合わせている。雲居とは彼の地の空模様のこと。鎌倉に下った作者から以前の同僚の女房に送った手紙の中の和歌である。正解はⓐ。

問5（答ⓐ作者が御匣殿を訪ねる。・ⓒ御匣殿が峰殿の紅葉を見に行く。）

鎌倉に旅立つ前日に、筆者は御匣殿を北白河殿に訪ねている。あいにく彼女は紅葉を見に行って留守であった。作者が都に出発したのは北白河殿を訪ねた翌日、方違えの行幸があったのは、御匣殿が筆者から手紙を受け取った後日であったと考えること。

よって正解はⓐ・ⓒ、完答で正解となる。

問6（答ⓓ阿仏尼）

『十六夜日記』は鎌倉中期の女流歌人である阿仏尼という女性によって書かれた日記。よって正解はⓓ。

ⓐ「菅原孝標女《すがわらのたかすえのむすめ》」は平安中期の日記である『更級日記』、ⓑ「建礼門院右京大夫《けんれいもんいんうきょうのだいぶ》（藤原伊行女《ふじわらのこれゆきのむすめ》）」は鎌倉初期の歌集的日記『建礼門院右京大夫集』、ⓒ「藤原俊成女《ふじわらのとしなりのむすめ》」は鎌倉初期の物語評論『無名草子』の筆者と目される人物である。日記の文学史は巻末の文学史一覧を参考にすること（☞148頁）。

問7（答⑴並一通りに私の袖は涙で濡れただろうに、あなたの旅立つ日を聞いていない恨みだけだったならば。⑵旅立つ日を聞いていなかっただけでなく、せっかく作者が挨拶に来てくれたのに会えなかったので、その恨みも加わって並一通りでなく涙を流した。）

一方（名）／に（格助）／袖（名）／や（係助）《反語》／濡れ（下二［未］）／まし（反実［体］）／旅衣（名）／たつ（四［体］）
／日（名）／を（格助）／聞か（四［未］）／ぬ（打消［体］）／恨み（上二［用］）／なり（断定［用］）／せ（過去［未］）／ば（接助）《仮定》

この歌は「消え返り」と詠んだ筆者の歌に対する御匣殿の返歌である。⑴では、「もし…だったら、……なのになあ」と訳す「…せば…まし」の反実仮想の表現が倒置され、「たつ」に衣を「裁つ」と旅立つの「立つ」が掛けられている。「や」は反語表現である。「一方に」は「人並みに」くらいに訳す。

御匣殿は、筆者に対して旅立つ日を聞いていないだけでなく、何も告げずに旅立ってしまったことが悲しいのだと筆者に告げているのである。前文の「などや『かく』とも御尋ね候はざりし」の箇所はそのことに対する御匣殿の恨み言である。これらを踏まえて記述する。

(2)では、筆者が訪問したとき御匣殿が筆者に逢うことができなかった理由を、家の女たちに誘われて紅葉狩りに行ってしまった折に間が悪く筆者が訪ねてきたことと、筆者から出立の日を告げられていなかったからだと告げている。このことをわかりやすく解説する。

問8 答 (1)御匣殿　(2)若い女房たちと紅葉狩りをしに外出するという行動。)

心《名》／から《格助》／何《名》／恨む《上二［終］》／らん《現推［終］》／旅衣《名》／たつ《四［体］》／日《名》／を《格助》／だに《副助》《類推》／も《係助》／知ら《四［未］》／ず《打消［用］》／顔《名》／にて《格助》

この歌が御匣殿の詠んだXの歌に対する筆者の返歌であることに注意すること。Xの歌は、別れ際に筆者に逢うことができなかった御匣殿の残念に思う気持ちを詠んだもの。

とすれば、「恨む」の主語は御匣殿であるため、「心」は御匣殿の心であると考えられる。「心から」とは「自分の心せいで」の意。「一方に」の歌同様、「たつ【立つ・裁つ】」が掛詞になっている。

また、逢えなかった原因は、御匣殿が筆者の出立の日を知らず若い女房たちと紅葉狩りに行ったことが原因である。近年の私大入試は記述問題が増加傾向にある。**問7・問8**などを通じて記述問題にも慣れてほしい。

作品紹介

『十六夜日記』（阿仏尼／鎌倉時代中期）

～中世の女性阿仏尼～

阿仏尼は若い頃に宮仕えをして大失恋。失意のまま出家してしまったことが『うたたね』という自身の日記に記されており、以下のような歌が見られます。

なげきつつ身を早き瀬のそことだに知らず迷はん跡ぞ悲しき

【訳】恋に破れ嘆きながら、流れの速い瀬に身投げをすると水底に沈み、その身が沈んだ場所がそこであるとわからなくなってしまうことが悲しいことよ。

「底」と「其処」が掛詞になっていますね。その当時の彼女はまさしくどん底だったのでしょう。のちに結婚し、歌人藤原為家の妻となった彼女でしたが、夫の没後、先妻の子の為氏《ためうじ》と自分の子の為相《ためすけ》との間に領地相続の争いが勃発します。訴訟のために鎌倉に下ったときの紀行文、そして鎌倉滞在記が『十六夜日記』なのです。この日記の最後の方には、「離れても子を思う母の心は富士の火や煙のごとく尽きることはない」という歌が詠まれています。

かりそめに立ち別れても子を思ふおもひは富士の煙とぞ見し

【訳】一時別れることとなっても、我が子を思う火のような思いは尽きることのない富士の煙のように立ち上っているように思われることよ。

「思ひ」の「ひ」は「火」との掛詞、「火」と「煙」とが縁語になっていますね。鎌倉には地頭と呼ばれる土地の訴訟を扱う役所がありますので、そこに訴えようとしたのですね。裁判は八年間にも及び結局勝訴しましたが、彼女はその結果を知らずに亡くなったと伝えられています。自己主張せず、おしとやかに見える平安の女性とは一線を画していますね。阿仏尼しかり源頼朝の妻政子しかり、中世になると女性は確固とした自我を持つようになります。

第7回 解説 EXPLANATION

日記『更級日記』

語数
340語
得点
／50点
問題頁
P.29
古文音声

❶読解のポイント

任地に向かう父とそれを見送る筆者とのやりとりにおけるそれぞれの心情を確認しつつ、和歌の内容を考察しながら読解すること。本文中のやるせない思いや離別の悲しみ、離別後、父のことばかりを考えてしまう筆者の詠んだ「秋をいかに」の歌の「荻の葉」に筆者自身の境遇を重ねていることにも気づいて読解していきましょう。

〈あらすじ〉　常陸の国司になった父は、七月一三日に任地に出立する。当日父は私の部屋に入ってくると、涙を流しそのまま出て行ってしまう。見送りをして帰ってきた使用人に父は手紙を託していた。なんとか歌を返す筆者。父のいなくなった家は人も少なく寂しいばかり、今頃父はどうしているだろうとひたすら思うのであった。太秦《うずまさ》寺《でら》に籠った時も父のことばかりが頭をよぎってしまい、父を慕う歌を詠む筆者だったのであった。

❷登場人物

私 **筆者**…常陸の国の国司に任命されて出立する父を見送る。父のいなくなった家で寂しく過ごす。太秦寺に物詣でしても父のことを思うばかり。

A **父**…常陸守として赴任しようとしている。娘との別れがつらくBに娘への手紙を託す。

B **とまるをのこ**…Aから託された懐紙を娘の筆者に渡す。

3 全文解釈

1

（■重要語／■助動詞／■接続助詞／■尊敬語／■謙譲語／■丁寧語）

七月十三日に下る。〈中略〉その日は立ち騒ぎて、時なりぬれば、「今は」とて簾を引き上げて、うち見あはせて涙をほろほろと落として、(a)やがて出でぬるを見送る心地、目もくれまどひて臥されぬるに、❶B とまるをのこの、送りして帰るに、懐紙に、

（Aは）七月十三日に（任地に）下る。出発の当日は（Aは）忙しそうにして、いよいよ出発の時間になると、〈偶然〉「もうお別れだ」と簾を引き上げて、（私と）目を合わせて涙をぼろぼろと落として、すぐに出て行ったのを見送る（私の）気持ちは、**目の前が暗くなる**ほど**心が乱れて**そのまま思わず伏してしまい、京に留まる下僕が、（Aを）見送って帰ったが、（Aが私に託した）懐紙に、

思ふこと心にかなふ身なりせば(Ⅰ)秋の別れを深く知らまし

とばかり書か(ア)れたるをも、え見やら(イ)れず。ことよろしきとき❷こそ腰折れかかりたることも思ひ続けけれ、ともかくも言ふ①べきかたもおぼえぬままに、

「思ふこと自分の**思い通りになる**ような身の上ならば、人と別れるあわれを深く味わい知ることができるでしょうが、今はそれもできません。」とだけ書いてあるのも、（私は）見ることもできない。普段のときなら腰折れめいた下手な歌も心に浮かび続けたものであるが、今はなんとも言うべきことも思い当たらないままに、

❸かけてこそ思はざりしかこの世にてしばしも君にわかる②べしとは

かけてこそまったく思ってもみませんでした。この世でほんの少しでもあなた様とお別れすることになろうとは。

単語・文法・解説

□くる【暮る・暗る】動ラ下二
①日が暮れる
②目の前が暗くなる

□まどふ《う》【惑ふ・迷ふ】動ハ四
①迷う・心が乱れる
②ひどく…する〈補動〉

□かなふ《う》【叶ふ・適ふ】動ハ四
①望みが叶う・思い通りになる
②適合する・ぴったり合う

❶…とまるをのこは、父を見送った後に筆者のところへ帰ってきて、自宅の雑務に従事する使用人であると考える。

❷…「こそ」の結びの已然形が終止せずに、「、」で後に続く場合は逆接の意味になる。

❸…「おほかた・つゆ・つやつや・さらに・かけて・たえて」などは「まったく・けっして・少しも」と訳す呼応の副詞。

7

2

とや書かれにけむ。

とでもわれ知らず書いたのだろうか。

(Ⅱ)いとど人目も見えず、さびしく心細くうちながめつつ、(いづこばかり)と、

ますます人の訪れもなく、寂しく心細く物思いにふけって外を眺めては、(Aは)どこにいらっしゃるので

明け暮れ思ひやる。(Ⅲ)道のほども知りにしかば、はるかに恋しく心細きこと

あろうかと、明けても暮れても思いをはせる。東国の道中の**様子**も覚えているので、はるかに恋しくまた心細く感じることこ

限りなし。明くるより暮るるまで、東の山ぎはをながめて過ぐす。

のうえもない。夜明けから日が暮れるまで、(私は)東の山際を**物思いにふけながら**過ごしている。

3

八月ばかりに太秦にこもるに、一条より詣づる道に、男車、二つばかり引き

八月ごろ、太秦寺に籠ったときに、一条大路を通って参る道で、男車が、二台ほどを用意して、

立てて、ものへ行くに、もろともに来べき人待つなるべし。過ぎて行くに、

どこかへ行くのに、ともに来る人を待っているようだ。(私たちが)通りすぎて行くと、

随身だつ者をおこせて、

随身めいた人を(私の所に)**こちらによこして**、

花見に行くと君を見るかな

花見に行く途中であなたのような人に巡り合ったことよ。

と言はせたれば、(Ⅳ)「かかるほどのことは、いらへぬも(b)便なし」などあれば、

と(伴の者に)言わせたところ、(伴の者が私に)「このような場合は、**返事をし**ないのも**不都合だ**」と言うので、

□★★★**いとど** 副　①ますます　②そのうえさらに

□★★**ほど**【程】名　①身分　②辺り　③様子・程度

□★★**ながむ**【眺む・詠む】動マ下二　①物思いにふける　②(和歌や漢詩を)口ずさむ

□★★**おこす**【遣す】動サ四／サ下二　①よこす　②こちらに…する

□★★**いらふ《う》**【答ふ・応ふ】動ハ下二　①返事する　②返歌する

□★★★**びんなし**【便無し】形ク　①不都合だ・良くない　②気の毒だ

❹…使役・尊敬の助動詞「す・さす・しむ」は、「せ給ふ・させ給ふ・しめ給ふ」のように尊敬の補助動詞が続かない場合は使役の用法である。

4

千種なる(V)❺**心ならひに秋の野の**

（あなたはいつもこのように）様々な女性に声をかけるような浮気性なのですね。秋の野でね。

とばかり言はせ❹**て行き過ぎぬ。七日さぶらふほども、ただあづま路のみ思ひ**

とだけ（私の随身に）伝えさせて行き過ぎた。　七日ほどお籠りする間も、ただひたすら、東路の（Aの）ことばかり思

やら(エ)**れて、よしなし事からうじて離れて、「平らかに会ひ見せたまへ」と申す**

いやられて、**つまらない**悩み事からやっとのことで離れて、「無事に（Aに）会わせてください」と祈る（私の）お願

は、仏もあはれと聞き入れさせたまひけむかし。

いは、仏様も**しみじみと**聞き入れなさってくれただろうよ。

冬になりて、日ぐらし雨降りくらしたる夜、雲かへる風はげしううち吹き

冬になって、**一日中**雨が降り続いた晩、雲を吹き払う風が激しく吹い

て、空晴れて月いみじう明うなりて、軒近き荻のいみじく風に吹かれて、

て、空もからりとして月が**すばらしく**明るく照ってきて、軒先の荻が風にもまれて、

砕けまどふがいとあはれにて、

砕け**とり乱す**ような様子なのがたいそう傷々しいので、

(VI)**秋をいかに思ひ出づらむ冬深み**❻**嵐にまどふ荻の枯葉は**

秋の時期をどのように思い出しているだろう、冬が深いので嵐に**吹き乱れる**荻の枯葉は。

□★★★ **よしなし【由無し】** 形ク
①つまらない　②風情がない

□★ あは《ワ》れ 感／名
①ああ
②しみじみとした趣・情け

□★ ひぐらし【日暮らし】 名／副
①一日中

□★★★ **いみじ【忌みじ】** 形シク
①非常に　②はなはだしい
③恐ろしい　④すばらしい

□★★ **まどふ《う》【惑ふ・迷ふ】** 動ハ四
①迷う・心が乱れる
②ひどく…する〈補動〉
③とり乱す

❺…「心ならひ」は、気軽に女性に歌を詠みかけるような男性の浮いた性格のことを指している。

❻…形容詞の語幹に接尾語「み」が付くと「…ので」という原因・理由の用法になる。

7

❹ 解答・解説

問1（答 (a)① すぐに　(b)② 無粋である）

(a)の「やがて」は、「すぐに／そのまま」などと訳す副詞。他の回でも登場する単語であるためしっかり覚えておくこと。筆者に別れを告げにやってきた父は涙を流しながらこれと言って何も語らずすぐに出て行ったと訳す。

「便なし」は「不都合だ／気の毒だ」などと訳すク活用の形容詞。「花見に行くと 君を見るかな」が道行く人に投げかけられた歌の下の句であることに注意する。歌の上の句（五・七・五）を詠みかけられた場合は下の句を、下の句を詠みかけられた場合は上の句を返すのが当時のマナーであったから、(b)は「（返事をしないのも）都合が悪い」くらいに訳す。選択肢から最も意味が近しいのを選ぶと「無粋である」となる。

問2（答 ③ 人と別れるあわれを深く味わい知ることができるでしょうが、今はそれもできません。）

思ふ《四[体]》／こと《名》／心《名》／に《格助》／かなふ《四[体]》／身《名》／なり《断定[用]》／せ《過去[未]》／ば《接助》《〈仮定〉》／秋《名》／の《格助》／別れ《名》／を《格助》／深く《ク[用]》／知ら《四[未]》／まし《反実[終]》

反実仮想の用法「まし」は、上の句の「身なりせば」の「せば」と呼応する。反実仮想は「…だったら……なのになあ」と訳し事実に反する内容になるから、「思い通りになるのなら、秋の別れを深く味わうことができるだろうに」と訳す。したがって、この歌は「思い通りにならないし切ない秋の別れも深く知ることはできない」ということを伝えようとしていると判断すること。よって、最も近い意味の③を正解とする。

問3（答 (Ⅱ)① 父の赴任前も、訪問する客はめったになかったが、赴任後はいっそう客も少なくなり
(Ⅲ)③ 父の下向の道程はかつて自分も通ったから知っていたので
(Ⅳ)④ 歌を詠みかけられた場合）

いとど《副》／人目《名》／も《係助》／見え《下二[未]》／ず《打消[用]》

(Ⅱ)「いとど」は「ますます」と訳す副詞。①と②の「いっそう」の解釈が正しい。「人目も見えず」は父に多くの家人がついて行ってしまったことに加えて、父を訪ねてくる人

が絶えてしまったため来客が以前にも増してめっきり少なくなってしまったということを表している。正解は①。

(Ⅲ)は作品常識を知っているとすぐに解ける設問。

> 道(名)／の(格助)／ほど(名)／も(係助)／知り(四[用])／に(完了[用])／しか(過去[已])／ば(接助《原因》)

『更級日記』は「東路の道のはてよりもなほ奥つ方に生ひ出でたる人(＝筆者)」から始まっている。この「東路」というのは関東への道のり、「奥つ方」というのは幼い頃、父とともに下った上総《かづさ》の国(現：千葉県)を指す。筆者は父に連れられて上総に赴いたことがあったから、父の二度目の赴任先である常陸の国までの道のりを想像することができたのである。正解は③。有名な作品の梗概はあらかじめチェックしておくとよい。

(Ⅳ)は古文常識が問われる設問である。

> かかる(ラ変[体])／ほど(副助)／の(格助)／こと(名)／は、(係助)／いらへ(下二[未])／ぬ(打消[体])／
> も(係助)／便なし(ク[終])／など(副助)／あれ(ラ変[已])／ば(接助《原因》)

右の箇所「かかるほど……便なし」は筆者が「せっかく歌を詠んで送ってくれた人に返事をしないのも不都合だよ」と同行する人にさとされた箇所。「かかるほど」とは歌が送られたことを指していると考えられる。正解は④。

問4　(答)①　女に声をかける男のいつもの浮気心

> 千種(名)／なる(断定[体])／心ならひ(名)／に(格助)／秋(名)／の(格助)／野(名)／の(格助)

筆者は太秦寺に参る道すがら、途中で出会った男性から「花見に行くと君を見るかな(＝花見に行く途中で、あなたのような人に巡り合ったことよ)」という歌の下の句を詠みかけられている。その言葉に対して筆者は「あなたはいつもこのように女性に声をかけているのですか」とたしなめるように返歌をしている。正解は①。

問5　(答)④　「荻」に、父の転勤に翻弄される我が身の労苦を込めている。)

> 秋(名)／を(格助)／いかに(副)／思い出づ(下二[終]《イ音便》)／らむ(現推[体])／冬(名)／深(ク[語幹])／
> み(接尾)／嵐(名)／に(格助)／まどふ(四[体])／荻(名)／の(格助)／枯葉(名)／は(係助)

「秋をいかに」は常陸の国に行ってしまった父のことを偲

7

んで詠んだ筆者の歌である。私が秋に別れた父のことばかりを考えているように、荻の枯葉も秋がどれほど身に染みているだろうと詠んでいる。それに嵐に激しく揺れる荻の枯葉に、父のことばかりを偲んで心を乱す自らを重ねあわせているのである。正解は④。

問6（答）(1)(ウ)「書かれにけむ」・(エ)「思ひやられて」
(2)③「もろともに来べき人」）

(1) 二重傍線部(ア)〜(エ)のすべてが未然形に接続していることに注意する。未然形に接続する「れ」は受身・自発・可能・尊敬の助動詞「る」の未然形か連用形。(ア)は主体が「父上」なので尊敬、(イ)は打消語「ず」が続いているので可能、(ウ)は「無意識に書いていた」のように訳すので自発。(エ)は「思ひやら」という知覚的な動詞に続いているので、これも自発。正解は(ウ)と(エ)。

(2) 例文「べき」は「人への返事は少しでも早くしなければならない」と訳す当然の用法。①は「言うべきかたもおぼえぬままに」は「べき」の後に打消の助動詞「ぬ」が続いているため、可能とする。②は「あなたと別れることになるだろうとは」と訳す推量の用法。③は「べき」の後に体言である「人」が続いていることに注意する。体言が続く場合は当然（予定）の用法になる場合が多い。④は「その男性は誰かを待っているようだ」と訳す推量の用法。よって③が正解。

問7（答）②『土佐日記』―『蜻蛉日記』―『更級日記』―『十六夜日記』）

古い順から『土佐日記』は紀貫之による日記文学の先駆作品。『蜻蛉日記』は藤原道綱母による最初の女性の日記。『更級日記』は平安後期に菅原孝標女によって書かれた日記。『十六夜日記』は鎌倉時代中期に阿仏尼によって書かれた旅日記。正解は②。詳細は巻末の文学史一覧を参照（☞148頁）。

作品紹介

『更級日記』
～彼女と彼女の夢との関わり～
（菅原孝標女／平安時代後期）

『更級日記』は平安時代後期（一〇六〇年頃）に菅原孝標女によって書かれた、『源氏物語』に憧れた少女時代から夫と死別した晩年までを記した回想日記です。『更級日記』では夢についての記載が多く見られます。夢についての信仰における常識は古文を理解する上で非常に重要です。

夜遅くまで物語を読む彼女のもとに、可愛らしい猫がやってきたことがありました。非常に人に慣れているので側においていたようです。その猫が姉の夢に現れ、亡くなった侍従大納言の娘が猫として転生し、筆者が自分のことをしみじみと懐かしんでくれるのでここにやってきたのだと告げるのです。

当時、愛しい人のことを思いながら寝るとその人が夢に現れてくれるという信仰がありました。筆者も姉もそのことを信じていたようで、この後、いっそう猫をかわいがるようになります。「亡くなった娘様がいらっしゃったのですね。父上に伝えようかしら」などと猫に話しかけるシーンはいかにもあどけなさの残る少女という感じです。

しかし翌年に火事があり、この猫は焼け死んでしまいました。猫が娘様の生まれ変わりであると父上に伝えることができなかったことを非常に残念がっています。吉夢は実現せず悪夢ばかりが実現してしまうと嘆く筆者ですが、夫に死なれて絶望していたとき、夢の中に阿弥陀仏が現れて「後に必ず迎えに来るから」と告げる場面では彼女は大いに勇気づけられています。極楽浄土へいざなうのが阿弥陀仏ですからね。

古代では気になる夢を見ると、「予知夢ではないか」と考えて占い（＝夢《ゆめ》占《うら》）をさせることがありました。「夢《ゆめ》解《と》き」とは見た夢が吉夢か凶夢かの判断です。縁起の悪い夢と判断された場合、「夢《ゆめ》違《たが》へ」と言って凶夢を吉夢に変えるおまじないもさせていたようです。夢信仰については古文レベル②第17回の「夢と現」で詳しく触れていますのでよろしければ…。

第8回 解説 EXPLANATION

随筆『枕草子』

語数
373語
得点
/50点
問題頁
P.34
古文音声

❶読解のポイント

清少納言が「心もとなきもの」を列挙した類聚《るいじゅう》的文章です。エッセイは「一方的な上司の言葉を黙って聞いている（の）（は）、じれったい」のような形（準体法）になり、（　）の箇所に「の・もの」などの（準）体言を補足しながら読解する必要があります。列挙された項目の中には現代にも通じるような内容も多いので、感情移入しながら読解していくことが大切です。また、今回は本文中に登場人物の記載はないため、以下の❷は筆者が「じれったい・不安だ・気がかりだ」と感じる瞬間（①～⑬）になります。

〈あらすじ〉　人のもとに急ぎの縫物を頼んでおいたのになかなか出来上がってこなかったり、想い人からの手紙が固く封入してあったりしてなかなか読むことができなかったり、見物に行ったのに始まってしまい、近くに寄るのもままならないときなどは非常にじれったく感じるものだ。それ以外のじれったく感じるものを列挙したい。

❷「心もとなきもの」の瞬間

① 急ぎの縫物を待つとき
② 予定日を過ぎても子供が生まれないとき
③ 手紙の中身を早く知りたいが、なかなか開封できないとき
④ 見物に遅れてしまったとき
⑤ 人を介して話をする際、自分の思う通りに伝えることができないとき
⑥ 誕生を期待された子供が生まれてから五十日、百日ぐらいまで成長したとき
⑦ なかなか針に糸が通らず縫物が進まないとき
⑧ 急いでいるのに待っている車がなかなかやってこないとき
⑨ 子供を産んだ後産がなかなかないとき
⑩ 車に乗って人を待っているのになかなか来ないとき
⑪ 急いで点けようとするのになかなか着火しないとき
⑫ 返歌がなかなか思いつかないとき
⑬ そぞろに恐怖を感じる夜、一刻も早く夜があけてほしいと願うとき

❸ 全文解釈

（■重要語／■助動詞／■接続助詞／■尊敬語／■謙譲語／■丁寧語）

[1]

(1)心もとなきもの　①人のもとにとみの物縫ひにやりて、いまいまと苦しう《ウ音便》ゐ入りて、あなたをまもらへたる心地。②子生むべき人《主格》の、そのほど過ぐるまでさるけしきもなき。③遠き所より思ふ人の文を得て、かたく封じたる続飯などあくるほど、いと心もとなし。④物見におそく出でて、事なりにけり、白きしもとなど見つけたるに、近くやり寄するほど、(2)わびしう《ウ音便》、下りてもいぬべき心地こそすれ。

（私にとって）気がかりでじれったいものは人のところに急な縫物を頼んで、今か今かと切羽詰まって座り込んで、彼方をじっと見つめている気持ち（はじれったく感じる）。子を産むことになっている人が、予定日を過ぎてもその気配もない（こともじれったく感じる）。遠い場所から愛しく思う人の手紙をもらって、固く封をしている米の糊などを開けるときは、非常にじれったい。（何かの）見物に遅がけに出て、もう見物は始まってしまい、（見物客を誘導する役人の）白い杖などを見つけてしまったときに、（行事が始まっているのに牛車を）近くに寄せるときには、つらくて、牛車から降りて歩いて行ってしまいたい気持ちがすることよ。

[2]

⑤(3)知られじと思ふ人《主格》のあるに《逆接》、❶前なる人に教へて物言はせたる。

（私がいることを）知られたくないと思う人がいるのに、前にいる人に答え方を教えて口に出させている（ことはじれったい）。

⑥いつしかと待ち出でたるちご《主格》の、五十日、百日などのほどになりたる、

早く生まれてほしいと思って生まれた子供が、五十日目、百日目くらいになったのは、

単語・文法・解説

□こころもとなし【心許無し】形ク（★★★）
①じれったい　②気がかりだ

□とみなり【頓なり】形動ナリ（★★）
①急だ　②にわかだ

□まもらふ【守らふ】動ハ下二
①じっと見つめる　②大切に世話をする

□わびし【侘し】形シク（★★★）
①さびしい　②つらい

□ものいふ【物言ふ】動ハ四
①口に出して言う　②気のきいたことを言う　③男女が情を通わせる

□いつしか【何時しか】副（★★★）
①早く〈→願望・意志〉　②いつのまにか・早くも　③早すぎる

❶…「前なる人に教へて物言はせたる。」の「なる」は、「前」という場所を表す名詞に接続しているため、「…にある」というように存在の意味にとること。

行末いと心もとなし。

将来(の様子)がたいそうじれったい。

3

⑦とみの物縫ふに、なま暗うて針に糸すぐる。されど、それはさるものにて、ありぬべき所をとらへて、人にすげさするに、それもいそげばにやあらむ、とみにもさし入れぬを、「いで、ただなすげそ」❷と言ふを、「さすがになどてか」と思ひ顔に❸えさらぬ、にくささへ添ひたり。

急ぎの縫物をするときに、薄暗いなか針に糸を通すこと(はじれったい)。けれど、自分でする場合はもちろんのこと、あるにちがいないところを捉えて、他の人に糸を通させるのに、その人が急いで通そうとするからであろうか、素早く入れることができないでいるのを、「いや、もうよいから通さないでくれ」と言うが、「とはいってもやはり通さないではいられようか」と思っているような顔で立ち去ることができないでいるのは、憎らしさまで加わってしまった。

4

何事にもあれ、⑧いそぎて物へ行くべきをりに、まづ我さるべき所へ行くとて、「⑷ただいまおこせむ」とて❹出でぬる車待つほどこそ、いと心もとなけれ。大路行きけるを、「さななり」とよろこびたれば、ほかざまにいぬる、いとくちをし。まいて「物見に出でむ」とてあるに、「事はなりぬらむ」と人の言ひ

何事であっても、急いである場所に行くことになっているときに、先に自分が行かなければならない所に行くからと言って、「(用が済んだら)すぐに**よこす**(返す)から」と言って出てしまった牛車を待つときは、非常にじれったい。大通りを通って(牛車が)やってくるのを、「待っていた牛車であろうようだ」と喜んでいると、他の場所に行ってしまったのは、非常に**残念だ**。ましてや見物に行こうと思って待っていたようなときに、「もう催しは始まってしまっただろう」と人

□★★**さるものにて**【然るものにて】連
①それはそれとして ②それはもちろんのこととして

□★★**おこす**【遣す】動サ四/サ下二
①よこす ②こちらに…する

□★★★**くちを《オ》し**【口惜し】形シク
①残念だ ②つまらない

❷…「いで、ただなすげそ」に見られる「な…そ」の「な」は副詞で、「そ」は終助詞の禁止表現。「けっして……するな」と訳す副詞。

❸…「えさらぬ」の「え」は副詞で、「ぬ」は打消の助動詞「ず」の連体形で「…できない」の不可能の意。

❹…非常に高貴な人は自分専用の牛車を使用できるが、そうでない者は多人数で使用していたと考えること。

たるを聞くこそわびしけれ。

が言ったのを聞くのはつらいものだ。

5 ⑨子生みたる後❺の事の久しき。

子供を産んだ後産がなかなかないこと（はじれったい）。

⑩物見、寺詣でなどに、もろともにあるべき人を乗せに行きたるに、車をさし寄せて、とみにも乗らで待たするも、いと心もとなく、うち捨てても いぬべき心地ぞする。

見物や寺参りなどに行く際に、一緒に行くことになっているような人を乗せに行ったのに、牛車を近くに寄せても、すぐに乗って来ないで待たせるのも、たいそうじれったく、そのままそこに残していってしまおうという気持ちがする。

⑪また、とみにて炒炭おこすも、いと久し。

また、なかなか炭火を起こすことができないこと（はじれったい）。

6 ⑫人の歌の返しとくすべきを、えよみ得ぬほども、心もとなし。懸想人などは、さしもいそぐまじけれど、おのづからまた、さるべきをりもあり。まして女も、ただに言ひかはすことは、疾きこそはと思ふほどに、あいなくひが事もあるぞかし。

人に貰った歌の返事は即座にすべきなのに、読むことができないときも、じれったい。恋人であるなら、それほど急ぐ必要もないが、たまたままた、急いで返歌しなければならないようなときもある。ましてや女（に対しての返事）も、普通にやり取りをしているときは、早く詠まねばと思っているので、つまらない間違いをすることもあるものだ。

7 心地のあしく、物のおそろしきをり、夜の明くるほど、いと心もとなし。

気分が悪く、何かが恐ろしく感じるとき、夜が明けるのが、非常にじれったい。

□★★ けさう《ソ》【懸想】名
①恋すること
②思いをかけること

□★★★ おのづから【自ら】副
①たまたま　②ひょっとして・もしも〈↔仮定〉

□★★ とし【疾し】形ク
①早い　②速い

□★★★ あいなし【愛無し・合無し】形ク
①つまらない
②道理に合わない

□★★★ ひがこと【僻事】名
①間違い　②悪事

❺…後産《あとざん》とは、胎児を分娩した10分～30分後に、胎盤が卵膜やへその緒とともに排出されること。

8

❹ 解答・解説

問1（答 ④ 気がかりでじれったいもの）

「心もとなき」は「じれったい／気がかりだ」と訳すク活用の形容詞「こころもとなし【心許無し】」の連体形。正解は④。

文脈を考察すると、依頼したものを今か今かと待つ心境を表現しているということがわかる。この単語は様々な示された用例に共通する評語であるため、特に重要である。

問2（答 ① がっかりして、車を降りて歩いていってしまいたい気持ちになる）

> わびしう（シク[用]《ウ音便》）、／下り（下二[用]）／**て**↓／も（係助）／いぬ（ナ変[終]）／**べき**（意志[体]）／心地（名）／こそ（係助）／すれ（サ変[已]）

「わびしう」は「さびしい／つらい」などと訳すシク活用の形容詞「わびし【侘し】」の連用形がウ音便化した形。

女性が外出時に牛車を使用することが多いという点を考慮して、「下り」は「降車する」の意であると判断すること。見物に遅れ、牛車を見物するのに都合の良い場所に置くことができないので、歩いて見物出来るところに行ってみたくなるということである。正解は①か③であるが、③の「自暴自棄になり」は「わびしう」の解釈として不適切であるため、正解は①。

問3（答 ② わたしのいることを知られたくないと思う人がいるときに、前にいる人に答え方を教えて話をさせている）

> 知ら（四[未]）／**れ**（受身[未]）／**じ**（打意[終]）／と（格助）／思ふ（四[体]）／人（名）／の（格助《主格》）／ある（ラ変[体]）／**に**（接助《逆接》）、／前（名）／なる（存在[体]）／人（名）／に（格助）／教へ（下二[用]）／**て**↓／物言は（四[未]）／せ（使役[用]）／たる（完了[体]）。

「知られじ」の「じ」は打消意志の助動詞で、「知られ」と「思ふ」の主体は筆者の清少納言。「前なる人」とは彼女の前にいる人のこと。自分の存在を知られたくない人に対して、前にいる人に「このように伝えてくださいな」と指示するときのことについて触れた箇所である。清少納言の思い通りに伝えられないのをもどかしく思っている様子を表した箇所であるため、正解は②。

問4（答 そ）

「いで、ただなすげ［X］」の空欄の前に「な」という副詞があることに注意する。「な…そ」で「…してはならない」と訳す禁止の用法。正解は終助詞の「そ」である。

問5（答 ③ すぐに返そう）

ただいま《副》／おこせ《下二[未]》／む《意志[終]》

「おこす」は手紙や人や牛車などをこちらに「よこす」という意のサ行下二段活用動詞「おこす【遣す】」の未然形である。清少納言が牛車で外出しようとしたとき、自分より先にその牛車を使用する人がいる場合に清少納言に対して発する言葉であると考える。

「私の用事が済んだらすぐにこの牛車をあなたのところに送るからね」という意味であるとすると、「む」は意志の意味だと判断できる。正解は③。

問6（答 急いで返歌をしないといけない時）

前文「人の歌の返しとくすべきを、えよみ得ぬほども、心もとなし」の内容を考察して、五字以上十五字以内で解答すること。

傍線部(5)の「をり【折】」は、この箇所に見られる「ほど【程】」という語を受けている。よって、「さるべき」は「人の歌の返しとくすべき」を指していることになる。

正解は、該当箇所を簡潔にまとめて「急いで返歌をしないといけない時〔十五字〕」くらいにすること。

問7（答 ③ 普通のやりとりをしているときは、返歌の早いことがよいと思っているために、つまらない失敗をすることもあるものだ）

ただに《副》／言ひ《四[用]》／かはす《四[体]》／こと《名》／は《係助》、／疾き《ク[体]》／
こそ《係助》／は《係助》／と《格助》／思ふ《四[体]》／ほど《名》／に《格助》、／あいなく《ク[用]》／
ひが事《名》／も《係助》／ある《ラ変[体]》／ぞ《係助》／かし《終助》。

「あいなく」は「つまらない／道理に合わない」と訳すク活用の形容詞「あいなし【愛無し・合い無し】」の連用形、「ひが事」は「間違い」と訳す名詞である。正解は③。

①〜⑤は次のように判断することができる。

①＝×…「どうしようもない誤解」が解釈として不適切。

②＝×…「わけもわからないうちに笑われるような」が解釈として不適切。

③＝○…「つまらない失敗をする」は適切な解釈。

④＝×…「かえって悪いことが起きる」が解釈として不適切。

⑤＝×…「思いもしないこと」が解釈として不適切。

問8（答④定子）

清少納言は一条天皇后であった中宮定子にお仕えし、随筆の傑作『枕草子』を残した平安時代中期の女房である。よって正解は④。以外は以下の通り。

①式子（しょくし／しきし／のりこ）…後白河天皇の三女。新三十六歌仙《しんさんじゅうろっかせん》・女《にょう》房三十六歌仙《ぼうさんじゅうろっかせん》の一人。

②彰子（しょうし／あきこ）…一条天皇皇后。藤原道長の娘。

③詮子（せんし／あきこ）…円融《えんゆう》天皇女御。藤原道長の同母姉。

⑤禎子（ていし／さだこ／よしこ）…三条天皇の三女。後朱雀《ごすざく》天皇皇后。

※名前の読み方が何通りかあるのは、正式な呼称が定まっていないためである。

作品紹介

『枕草子』（清少納言／平安時代中期）

～清少納言はお笑い芸人の如く～

随筆の傑作『枕草子』は中宮定子の女房である清少納言によって書かれた平安時代中期の随筆です。

　内容は大きく三つに分類されます。「山は…」「をかしきもの…」で始まる類聚的章段（＝ものづくし）、宮中において筆者が見聞きしたものの記録である日記的章段、自然や人事についての感想である随想的章段です。今回は「心もとなきもの…」から始まっているため、類聚的章段であると判断できますね。

　この類聚的章段ですが、以前流行ったお笑いの風情があると思いませんか。あのネタを聞いて「どこかで聞いたセリフまわしだな」と思ったことがありました。『枕草子』は一千年ほど前に書かれましたが、ギター片手に有名人などを次々とディスるあのリズム感と類聚的章段の節まわしには何か共通性を感じられます。例えば『枕草子』五二「にげなきもの」に以下のような一節があります。

老いたる者の、腹高くてあへぎありく。また、若き男持ちたる、いと見苦しきに、こと人のもとに行くとて妬みたる。

【訳】年老いた女で、（太って）腹が突き出ていて喘ぎながら歩いていること。また、（そんな見栄えのしない女が）似合わないくらい若い男と付き合っているのは、たいそう見苦しいのに、（その男が）他の女の所に行ったといってやきもちをやいていること。

　先程の話と沿って考えてみると、これは見苦しい老女に対して、彼女が「切腹！」と叫んでいるように聞こえますね。清少納言にはこのような歯に衣着せぬブラックさがあります。当たり障りのない言い方しかしないようなすました女性が多い時代に彼女の突っ込みは新鮮に感じられます。

8

第9回 解説 EXPLANATION

評論『無名草子』

語数
400語
得点
/50点
問題頁
P.39
古文音声

❶読解のポイント

八三歳の老いた尼と若い女房たちの会話中心の文章です。縁側に歩み寄った老尼に興味を抱いた女房が話しかけると、老尼は自らのことを話し出します。

法華経を熟知する老尼とその老尼に興味を抱く女房たちとのやりとりです。老尼の会話文には尊敬語・謙譲語・丁寧語などの敬語が使用されており、女房たちの会話文には基本的に全く敬語が見られないことに注意して読解しましょう。

〈あらすじ〉老尼が持仏堂に近寄ってみると中から箏の琴の音がかすかに聞こえ、若い女房が老尼に声をかけてくる。老尼は「以前、若い頃皇嘉門院の母にお仕えしていたときから六条院や高倉天皇の御在位のときまでお仕えしていたが、老齢になったので剃髪して今は山里におります」と話し、経を唱えると、法華経に興味を持った若い女房が「もう少し近くで聞きたい」と言うので、老尼は縁側にのぼったのだった。

❷登場人物

A 老尼…どこからともなく、京の東山にある檜皮葺《ひわだぶ》きの邸にやってきた年老いた尼。みすぼらしい格好をしている。若い女房たちに声をかけられて、自分の生い立ちを語る。

B 若い女房…檜皮葺きの邸宅に仕える若い女房。突然やってきた老尼に関心を抱き、話しかけている。

※皇嘉門院（女院）・御母の北政所・讃岐院（七五代）・近衛院（七六代）・後白河院（七七代）・二条院（七八代）・六条院（七九代）・高倉院（八〇代）

…Aが以前お仕えしていた人もしくはその御代（七五～八〇代）の帝。

3 全文解釈

（重要語／助動詞／接続助詞／尊敬語／謙譲語／丁寧語）

1

南面の中二間ばかりは、持仏堂にや❶と見えて、紙障子白らかに立てわたしたり。不断香の煙、けぶたきまで燻り満ちて、名香の香などかうばし。まづ、仏のおはしましけると思ふもいとうれしくて、花籠をひぢに掛け、檜笠を首につらされながら、縁のきはに歩み寄りたれば、寝殿の南、東と、すみ二間ばかり上がりたる御簾のうちに、筝の琴の音ほのぼの聞こゆ。いと心にくくゆかしきに、若やかなる女声にて、「いとあはれなる人のさまかな。さほどの年に、いかばかりの心にていと見苦しげなるわざをしたまふぞ。小野小町がひぢに掛けけむ筐よりはめでたし」など言ふ人あり。

（邸の）南面の真ん中の二間ぐらいが、仏像を安置しているお堂であろうかと見られ、ずっと紙障子が白く立ち続けている。不断香の煙が、煙たく感じるほど燻り満ちており、上質の香りなどが香ばしい。（Aは入ると）真っ先に、仏像がいらっしゃるのだと思うのも非常に嬉しくて、花かごをひじにかけて、ひのきがさを首につるしながら、縁側の境に歩み寄ったところ、寝殿の南、東の端から、二間ほど上がっている御簾の中から、筝の琴の音色がほのぼのと聞こえる。たいそう**奥ゆかしく心惹かれていた**ところ、若い女の声で、（Bが）「たいそう**気の毒な**人の様子であることよ。（Aは）それほどの高齢で、どのようなことをお考えになってみすぼらしい格好をなさっているのか。小野小町がひじにかけていたという筐よりは**すばらしい**と思うけれど」などと言う人がいる。

――〈中略〉――

単語・文法・解説

★★★ □**こころにくし【心憎し】** 形ク
①奥ゆかしい・心ひかれる

★★★ □**ゆかし【床し】** 形シク
①見［聞き／知り］たい　②心がひかれる

★★★ □**あは《わ》れなり** 形動ナリ
①しみじみと…だ　②気の毒だ　③趣深い

★★ □**めでたし【愛でたし】** 形ク
①すばらしい

❶…結びの語が省略されるケースとして最も多いのが、断定「に」＋係助詞の形である。また、引用の格助詞「と」＋係助詞のような場合は「言う・聞く」などを補足して訳すこと。

9

「(1)人なみなみのこと(2)にははべらざり(3)しかども、数ならずながら、十六七に

(AはBに)「(さて私の経歴は)人並みにも入りませんでしたが、物の数にも入らない身でありながら、一六、七歳のころから、皇嘉門院と申しましたお方の母上の北政所にお仕え申し上げて、讃岐院、

はべりしより、皇嘉門院と申しはべりしが御母の北政所にさぶらひて、讃岐院、

近衛院などの位の御時、百敷のうちも時々見はべりき。さて失せさせ

近衛院などが御在位のとき、宮中の中も時々見ました。そうして(お仕えしていた北政所が)お亡くなりに

たまひしかば、女院にこそさぶらひぬべくはべりしかども、(イ)なほ九重の霞の

なったので、(Aは北政所の娘である)皇嘉門院にお仕えしようと思いましたが、やはり内裏に立ち込める霞の

迷ひに花をもてあそび、雲の上にて月をも眺めまほしき心、(ウ)あながちに

中で花を可愛がったり、同じ場所で月を眺めていたいと思う気持ちが、一途にありまし

はべり。後白河院、位におはしまし、二条院、東宮と申しはべりしころ、その人数

てね。後白河院が、御在位であり、二条院を東宮(皇太子)と申し上げていたころ、(Aは)一人前には扱

にはべらざりしかど、おのづからたち慣れはべりしほどに、さる方に(エ)人にも

われていませんでしたが、いつのまにか慣れていましたので、それ相応に人にも認められた

許されたる慣れ者になりて、六条院、高倉院などの御代まで時々仕うまつり

ような老練した者となって、六条院や、高倉院などが在位なさるころまで時々お仕えし

しかども、つくも髪見苦しきほどになりはべりしかば、頭おろして山里に籠り

ましたが、白髪が見苦しくなったので、剃髪して山里に籠り

□もてあそぶ【弄ぶ・玩ぶ】動バ四
①手に持って遊ぶ
②可愛がる

□★★あながち【強ち】形動ナリ／副
①強引だ・一途だ
②必ずしも〈↓打消〉

□ゆるす【許す】動サ四
①ゆるめる ②罪を免じる
③許す・承諾する ④認める

□つくもがみ【九十九髪】名
①老女の白髪。白髪の老女。

はべりて、一部読みたてまつること怠りはべらず。今朝とく出ではべりて、とかく惑ひはべりつるほどに、(オ)今まで懈怠しはべりにける」とて、首に掛けたる経袋より冊子経取り出でて、読みゐたれば、「〈2〉暗うてはいかに」などあれば、「〈3〉今は口慣れて、夜もたどるたどるは❷読まれはべる」とて、一の巻の末つ方、方便品比丘偈などより、やうやう忍びてうちあげなどすれば、いと思はずに、あさましがりて、「〈4〉今少し近くて❸こそ聞かめ」とて、縁へ呼びのぼすれば、「〈5〉いと見苦しくかたはらいたくはべれど。」(カ)法華経にところを置きたてまつりたまはむを、強ひて否びきこえむも罪得はべり❹ぬべし」とて、縁にのぼりたり。

ましても、(『法華経』を)一通りお読みすることを怠りませんでした。今朝は早々に(山里を)出立しまして、あれこれと困惑しているうちに、この時間まで読誦を怠けておりました」と言って、(Aは)首にかけているお経の袋から冊子を取り出して、読んでいるので、(Bは)「暗い所でどうして読めるのか」などと言うので、(Aは)「今では(法華経は)口慣れて、夜でもたどたどしいくらいには読むことができます」と言って、(法華経の)一巻の最後の方、「方便品比丘偈」などから始めて、だんだん遠慮がちであったのが声を上げて読むので、(Bは)たいそう意外で、驚きあきれて、「もう少し近くで聞きたい」と言って、縁側に(Aを)呼んで上らせたところ、(Aは)「たいそう見苦しく気の毒に存じますが。」(Bがたが)『法華経』に敬意をお示しになられたのに、無理にお断り申し上げるのもきっと罪づくりになるでしょう」と言って、縁側にのぼったのであった。

□けたいす【懈怠す】動サ変
①(仏道修行を)怠る

□★★★やうやう《ヨ》【漸う】副
①だんだん

□★★★あさまし【浅まし】形シク
①(意外なことに)驚きあきれたことだ
②情けない・興ざめだ

□★★★かたはらいたし《ワ》【傍ら痛し】形ク
①気の毒だ　②きまりが悪い

□しひ《イ》て【強ひて】副
①無理に　②むやみに

❷…助動詞「る・らる」は打消語を伴うと可能の意味となることが多いが、本文のように打消語を伴わない場合も多い。

❸…推量の助動詞が会話文の中で「こそ…め」のような形で用いられた場合、適当・勧誘の用法になりやすいが、本文の用例は主体が一人称(会話主)であるので意志と考える。

❹…完了の助動詞「つ・ぬ」が「つべし・ぬべし」のように推量や推定の助動詞を後ろに伴った場合、「きっと…だろう」という強意の意味となる。

◆4 解答・解説

問1（答 (ア)たいそう奥ゆかしく心惹かれている
(ウ)ひたすらありましてね）

(ア)「いと」は「たいして／非常に」と訳す副詞。「心にくく」は「奥ゆかしい・心ひかれる」と訳すク活用の形容詞「こころにくし【心憎し】」の連用形。「ゆかしき」は「見たい・聞きたい・知りたい／心ひかれる」と訳すシク活用の形容詞「ゆかし【床し】」の連体形。これを組み合わせて、「たいそう奥ゆかしく心惹かれている」とのように訳す。

(ウ)「あながちに」は「強引だ・一途だ／必ずしも」などのように訳すナリ活用の形容動詞「あながちなり【強ちなり】」の連用形。前文の「なほ九重の霞の迷ひに花をもてあそび、雲の上にて月をも眺めまほしき心、」から続いているところから、「一途に」を言い換えた「ひたすら……だ」くらいの解釈が妥当である。よって、「ひたすらありましてね」とのように訳す。

「はべり」は「…であります」と訳す丁寧の意味の敬語のラ行変格活用動詞「はべり【侍り】」の終止形。「ひたすらございました」のように、過去の意味を補ったもので解答したとしても可とする。

問2（答 ⑤ 宮中での風雅な日々を長く楽しみたいという気持ち）

宮中を表す古語は「内裏・内・九重・雲の上・百敷《ももしき》」など多数存在する。すべて重要なのでまとめて覚えておくこと。これをふまえると、(イ)の「九重」及び「雲の上」は、両方とも「宮中」と訳せる単語として分類できることに気づける。したがって、正解を②か⑤絞ることができる。

だが、②は「花をもてあそび」や「月を眺めまほしき」といった老尼の心境を「遊宴」と置き換えることはできない。よって、正解を⑤とする。

問3（答 ⑤ 多くの人に存在を認められた老練の者）

人〔名〕／に〔格助〕／も〔係助〕／許さ〔四[未]〕／れ〔受身[用]〕／たる〔完了[体]〕／慣れ者〔名〕／に〔格助〕／
なり〔四[用]〕／て ↓

前文の「その人数にはべらざりしかど、……慣れはべりしほどに」とのつながりに注意すること。老尼は、「一人前ではなかったが、ずっと宮中に居るうちに人々の知る存在となった」と自らの事を謙遜しながら語っている。

したがって、①「帝や后に」、②「皇族たちから信頼され続け」、③「東宮の後見」、④「帝に和歌などを指導」のように、本文に記載のない内容のものは不適切とする。よって、誤りのないものは⑤だけだと考えることができる。

問4（答 ⑤ **法華経を読誦しないまま日暮れを迎えてしまったこと**）

今〔名〕／まで〔副助〕／懈怠し〔サ変[用]〕／はべり〔ラ変[用]《補》〕／に〔完了[用]〕／ける〔過去[体]〕

(オ)が「一部読みたてまつること怠りはべらず。今朝とく出ではべりて、とかく惑ひはべりつるほどに」から続くことに注意する。

「懈《け》怠《だい》し」とは「（仏道修行を）怠る」の意のサ行変格活用動詞「けたいす【懈怠す】」の連用形。

尼は、いつもは必ず法華経を一通り読誦しているが、早朝出立してあれこれと慌ただしかったために、つい勤行を怠けてしまったと言っている。したがって、正解は⑤。「懈怠す」そのものの意味を知っておくとすぐに解くことができる問題である。

問5（答 ① **法華経に深い尊敬の気持を示していること**）

法華経〔名〕／に〔格助〕／ところ〔名〕／を〔格助〕／置き〔四[用]〕／たてまつり〔四[用]《補》〕／たまは〔四[未]《補》〕／む〔婉曲[体]〕／を、〔格助〕／強ひて〔副〕／否び〔四[用]〕／きこえ〔下二[未]《補》〕／む〔仮定[体]〕／も〔係助〕／罪〔名〕／得〔下二[用]〕／はべり〔ラ変[用]《補》〕／ぬ〔強意[終]〕／べし〔推量[終]〕

発言者は老尼、動作の主体は女房である。後文の「強ひて否びきこえむも罪得はべりぬべし」とは、老尼が女房達に『法華経』の説法をするのを断ることは罪を犯すことになるという意味。ここでの「罪」というのは、「仏道に反する行い」に該当すると考えることができる。

仏道では、仏教に縁を持とうとしている人の邪魔をする行為は重罪であり、反対に仏教に入る手助けをする人は極楽に近づくことになる。よって、正解は①。

問6（答 (1)⑥ **過去伝聞**　(2)⑤ **断定**　(3)⑦ **過去**　(4)① **意志**　(5)③ **完了**）

(1)「けむ」の後に体言が続くと連体形となり、過去の婉曲および過去の伝聞の意になることが多い。よって、解答は⑥。

(2) 体言に続き「に」の後に「はべら」のようなラ変動詞が続くと、断定の助動詞「なり」の連用形になる（☞143頁）。よって、解答は⑤。

(3) 連用形に接続し、「…た」と訳す「しか」は過去の助動詞「き」の已然形。よって、解答は⑦。

(4) 一文の主語が一人称の場合、「め」は意志の助動詞「む」の已然形。よって、解答は①。

(5) 完了の助動詞「つ・ぬ」の後に推量系の助動詞が続くと強意（完了）の助動詞。よって、解答は③。

問7（答〈1〉〈3〉〈5〉）

『法華経』を老尼に教わろうとする女房と、女房に伝授しようとする老尼という立場の違いから会話主を導く。女房は会話文に丁寧語「はべり【侍り】」を使用しておらず、老尼のみが使用しているという丁寧語の有無だけでも簡単に会話主を判断することができる。正解は〈1〉〈3〉〈5〉。

問8（答②鎌倉時代）

『無名草子』は鎌倉時代初期に成立した物語評論なので、正解は②。平安及び鎌倉時代の有名作品は整理しておきたい（☞148頁）。

作品紹介

『無名草子』

〜女性のバイブル『無名草子』〜

（藤原俊成女《ふじはらとしなりのむすめ》？／鎌倉時代初期）

『無名草子』は鎌倉時代初期に成立した、藤原俊成女によるものとされている物語評論。女房たちの会話を老尼が聞くという形式で、物語論・人物論・歌集論などが語られています。特に、今回のような物語評論は、当時実在した歴史上の人物がどのように民衆に捉えられていたかを知るために欠かせない資料とされてきました。

この『無名草子』には美女の誉れ高い小野小町が晩年は路傍に転がるドクロとなって歌を詠んだというようなおどろおどろしい話があげられています。また清少納言については、晩年世話をする者もなく粗末な着物を身に付けて昔の華やかなときのことをしきりに懐かしがっていたと記されています。そして次のようにコメントしています。

すべて余りになりぬる人の、そのままにて侍る例、ありがたきわざにこそあめれ

【訳】だいたいにおいて度が過ぎてしまった人が、そのままであり続けるのは、めったにないことであるようだ。

全盛を極めていた人物が今は落ちぶれてしまったというのは典型的な昔話のパターン。このようなお話は落魄《らくはく》説話もしくは零落《れいらく》説話と呼ばれます。よくある無常観の一環ですね。現在も「あの人は今」などの番組は人気ありますよね。そのようなお話は説話集の中に星の数ほどあり、「またか」と思ってしまい独自性や特別な面白みを感じません。

『無名草子』の面白いところは女性論として昇華されているところ。女性としてどのような生き方をするのがすばらしいのかをぶれずに論じているのです。古文において、その人物が当時どのように民衆に受け取られていたかを考察することは、実像がどんなであったのかを追究するのと同じくらい重要なのです。

9

評論『奥の細道』

❶ 読解のポイント

この作品は、俳諧紀行文と言われる評論です。「風流の」「世の人の」「早苗とる」の三句がどのような状況・経緯で詠まれたかを考察しながら読解しましょう。自己体験を記した紀行文なので、動作の主体は筆者である芭蕉。本文中に筆者を指す表現はないが、「私」という主語が省略されていることに注意すること。道中様々な故事に触れ、その折の感動や感慨を句にしています。「や」という切れ字の存在に注意しながら、どのような背景から生まれたのかを考察しましょう。

〈あらすじ〉　歌枕で有名な奥州三関の一つ白河の関を越えていく。須賀川では門人等躬《とうきゅう》のところに四、五日やっかいになり、「風流の」を発句として数々の句を詠む。次に宿の傍らに大きな栗の木があり、そこで見かけた隠遁僧を見て西行法師に思いをはせ、行基菩薩を偲び、句を詠む。そこから五里ほど離れた安積山では菖蒲の一種であるかつみを求め、信夫の里では歌で有名な「しのぶもぢ摺の石」を探して、句を詠んだのであった。

❷ 登場人物

A **等躬といふ者**…土地の名士で、芭蕉門下の人物。芭蕉を自宅にとどめ、句を詠み合う。

B **世をいとふ僧**…芭蕉がAの家の近くで見つけた僧。この僧を見たことがCを偲ばせる要因になっている。

C **行基菩薩**…奈良時代の僧。全国をまわり社会事業や民衆教化、大仏の建立に尽力した人物。

D **里の童**…芭蕉に「しのぶ摺りの石」について教えてくれたその土地の子供。

語数	371語
得点	/50点
問題頁	P.43
古文音声	

3 全文解釈

（■重要語／■助動詞／■接続助詞／■尊敬語／■謙譲語／■丁寧語）

1

とかくして越え行くままに、阿武隈川を渡る。左に会津根高く、右に磐城・

あれこれして（私が）（白河の関を）越えていくにつれて、阿武隈川を渡る。左手に会津の山々が高くそびえ、右手に磐城・

相馬・三春の庄。常陸・下野の地を(ア)さかひて、山つらなる。影沼といふ所を

相馬・三春というかつての荘園（がある）。常陸の国・下野の地を区切って、山が連なっている。影沼という所に行くと、

行くに、今日は空曇りて物影うつらず。須賀川の駅に等躬といふ者Aを

今日は空が曇って物の影が映らない。須賀川の宿に等躬という者を訪ねると、

尋ねて、四五日とどめ(a)らる。❶まづ、「白河の関いかに越えつるや」と問ふ。

（私はAの家に）四、五日留められる。（Aは）はじめに、「白河の関はどのように越えたのか」と尋ねる。

「長途の苦しみ、身心つかれ、かつは風景に魂うばはれ❶、懐旧に腸を断ちて、

（私は）「長旅の苦しみのために、心身が疲労し、また風景（の見事さに）に心を奪われて、（白河の関の数々の）いわれに断腸の

はかばかしう思ひめぐらさず。

思いとなって、しっかりと（歌を）思い浮かべることができなかった。（そのときに詠んだのは以下の句である。）

風流の初め❷や奥の田植歌

（白河の関を越え）風流を感じられた始まりは陸奥の田植え歌（の趣ある歌声）だよ。

無下に越えんもさすがに」と語れば、脇・第三と続けて、三巻となしぬ。

（句も詠まず）むやみに通過するとはいってもやはり」と語ると、第二句・第三句と続けていくうちに、三巻になった。

単語・文法・解説

□かげ【影・景・陰】名
①光 ②面影 ③（人や物の）影

□とどむ【留む】動マ下二
①留める・引き止める ②制止する ③やめる

□はかばかし【果果し】形シク
①しっかりしている ②はっきりしている

□むげに【無下に】副
①むやみに・ひどく ②全く〈↔打消〉

□さすがに 副
①とはいってもやはり

❶…助動詞「る・らる」の識別において、「…に」のような受身の対象があるか省略される場合は受身である。

❷…一句の意味を完結させる言い切りの語を切字《きれじ》と言う。特定の助詞や助動詞、文末を形成する終止形、命令形を指す。

10

2

この宿の傍らに、大きなる栗の木陰をたのみて、B世をいとふ僧あり。「橡ひろふ深山もかくや❸」としづかに覚え(b)られて、ものに書き付け侍る❹。その詞、「栗といふ文字は西の木と書きて、西方浄土に便りあり」と、C行基菩薩の一生杖にも柱にもこの木を用ゐ給ふとかや。

この宿の傍らに、大きな栗の木陰を頼みにして、俗世を嫌う僧がいる。（私は）「とちを拾う深山もこのような風情か」としんみりと思いにひたって、ものに書きつけました。その言葉は、「栗という文字は西の木と書くことから、（極楽を表す）西方浄土に縁故がある」ということで、行基菩薩様が一生の間用いた杖にも柱にもこの（栗の）木を用いなさったとかいう。

(1) 世の人の見付けぬ花や❷軒の栗

世の中の人の目にも留まらない栗の花である（がこの主の僧は軒の栗も非常に愛しているようだ）。

3

A等躬が宅を出でて五里ばかり、檜皮の宿を離れて、安積山あり。道より近し。このあたり沼多し。かつみ刈る頃もやや近うなれば、「いづれの草を花かつみとは言ふぞ」と人々に尋ね侍れども、❺(イ)更に知る人なし。沼を尋ね、人に問ひ、「かつみかつみ」と尋ねありきて、日は山の端にかかりぬ。二本松

等躬の家を出て五里ほど、檜皮の宿場を離れて、安積山がある。（私の）（行く）道から近い。この周辺は沼が多い。（菖蒲の一種の）かつみを刈る時期もだんだん近くなっているので、（私は）「どの草を花かつみと言うのか」と人々に尋ねますが、全く知る人はいない。（私は）安積の沼を探し、人に尋ね、「かつみ（はどこだ）かつみ（はどこだ）」と尋ね歩いて、日は（西の）山にかかった。二本松

□たのむ【頼む】動マ下二／マ四
①頼みに思わせる ②頼みにする

□よをいとふ【世を嫌ふ】連
①出家する ②俗世を嫌う

□たより【頼り・便り】名
①機会・ついで ②縁故・よりどころ ③手紙・音信

□やや【漸・稍】副
①だんだん ②少し

❸…「や」の後に「あらむ」が省略されていると考えること。「侍る」との係結びではないので注意。

❹…連体形で止めて体言的にすることで、文に余韻を与える「連体止め」という手法が使われている。

❺…古文において打消語を伴って「まったく…」と訳す副詞は、「おほかた・つゆ・つやつや・さらに・かけて・たへて」など数多い。

4

より、右に切れて、黒塚の岩屋一見し、福島に宿る。

から、右手に折れて、黒塚の岩屋を一目見て、福島に宿をとる。

あくれば、しのぶもぢ摺の石を尋ねて、信夫の里に行く。遥か山陰の小里に石半ば土に埋もれてあり。D 里の童の来たりて教へ❹ける。「昔はこの山の上に侍りしを、往来の人の麦草をあらしてこの石を試み侍るを憎みて、この谷に突き落とせば、石の面下ざまに伏したり」と言ふ。さもあるべき事にや。

夜が明けると、(有名な)しのぶもじ摺の石を探して、信夫の里に行く。はるか遠く山影の小さな里にその石は半分土に埋もれてある。里の子供がやってきて教えてくれた。「(この石は)昔はこの山の上にありましたが、道行く人が麦草を引っこ抜いてこの石を(使えば模様ができるかどうかを)試すのを嫌って、この谷の下に(石を)突き落としたので、石の表が下向きになっているのだよ」と言う。なるほどそういう理由があったのだろうか。

(2) 早苗とる手もと❷や昔しのぶ摺

信夫の里で早苗を植える人々の手元を見ると、しのぶ摺をしたその手つきが思いやられることよ。

❹ 解答・解説

問1（答 (a)① 受身　(b)⑤ 自発）

まず、ここで出題される「らる」及び「られ」は、助動詞「らる」の活用形であるため、意味は①受身・②可能・⑤自発・⑥尊敬の四択に絞られる。

> 四五日（名）／とどめ（下二［未］）／らる（受身［終］）

傍線部(a)の「らる」は、直前に「私は等躬に」のような客体を補足することができる。「四五日間とどめられる」のような受身の意味として解釈すると、正解は①。

> 椽（名）／ひろふ（四［体］）／深山（名）／も（係助）／かく（副）／や（係助）／と（格助）／しづかに（ナリ［用］）／覚え（下二［未］）／られ（自発［用］）／て、／もの（名）／に（格助）／書き（四［用］）／付け（下二［用］）／侍る（ラ変［終］）〈補〉。

傍線部(b)の「られ」は、「覚え」という心情表現の動詞が上に接続する。心情表現とは、自発的な行動として捉えられるため、正解は⑤。

問2（答 (ア)② 区切って　(イ)② 全く）

傍線部(ア)の「さかひ」は「区切る・境をつける」と訳すサ行四段活用動詞「さかふ【境ふ】」の連用形。

「左に会津根高く、右に磐城・相馬・三春の庄。常陸・下野の地…」のように、阿武隈川が山と山を隔てて境目をつくっているというニュアンスを掴み取ること。文脈から意味を推測すると、正解は②が適切となる。

傍線部(イ)は、「更に」という副詞の後に「なし」という打消の意のク活用の形容詞「なし【無し】」の終止形が続いていることに注意する。副詞の「更に」は打消語を伴って「全く・決して・少しも・ぜんぜん」のように、全部否定の意味となる。正解は②。

問3（答 ② 腸）

「懐旧に X を断ちて」には、旅の疲れと名所への強い憧憬から平静ではいられなかった芭蕉自身の心情が描かれている。意味としては「腸《はらわた》が断たれてしまうような悲しみや憤り」を表す。「断腸の思い」は、現代文でも使われる故事成語なので要注意。正解は②。

問4（答 **浄**）

阿弥陀仏の主催する極楽のことを「西方浄土《さいほうじょうど》」と言う。人間界から西にむかって十万億の仏土を隔てていることから、「西方十万億土」とも呼ばれる。極楽には薬師如来が主管する「瑠璃光浄土《るりこうじょうど》」、観音菩薩の主管する「補陀落浄土《ふだらくじょうど》」、弥勒《みろく》菩薩の主管する「兜率天《とそつてん》」などがある。正解は「浄」。

問5（答 (Ⅰ)② **夏**　(Ⅱ)④ **世をいとふ僧**）

(Ⅰ) 俳句は必ず季語を詠み込むのがルールである。この俳句における季語は「栗の花」。「栗」は秋の季語であるが、「栗の花」は5月から6月の間に開花するため夏の季語とする。正解は②。

また、本文の同時期に詠まれた三句はすべて切れ字「や」が使用されており、それぞれ「田植（歌）」「栗の花」「早苗」が季語。夏の初めには苗代から田に苗を移し植えるということから、「田植」「早苗」は夏の季語であると考えられる。陰暦で5月（夏）を表す「皐月」は、「早苗を植える月」がつづまったと言われている。

(Ⅱ) 芭蕉は栗の木の下で人目を避けるように涼んでいた「世をいとふ僧」を見て、歌人西行や行基菩薩に思いをはせている。芭蕉の目にはこの隠遁の僧と、人目を避けるように咲く栗の花がシンクロしたのである。正解は④。

問6（答 ③ **掛詞**）

「早苗とる手もとや昔しのぶ摺」の「しのぶ摺」の前に「昔」から続いているわけであるから、昔を「偲ぶ」の意と「忍摺り」の「忍（ぶ）」が掛けられていると考えること。よって、正解は③になる。

①の歌枕は、和歌でしばしば詠み込まれる諸国の名所のこと。②の押韻は、句や行の初めに韻を踏むこと。④の枕詞は、言葉の前に添えて修飾する一定の言葉のことである。どれも重要な修辞法であるためしっかりおさえておくこと。

問7（答 ② **等躬に対して、白河の関では風景に感動しなかったと答えた。**）

選択肢①〜④を本文の内容と照らし合わせると、次のように考えることができる。

①＝○…芭蕉が花かつみを探し当てたという記載はないのでこの内容は正しい。

②＝×…「白河の関では風景に感動しなかった」がおかしい。あまりの感動のためになかなか言葉が出てこなかったと等躬に答えている。

③＝○…本文の最後の方に、村の子どもたちが芭蕉に、しのぶ摺りの石が埋もれている理由を語る箇所がある。

④＝○…西行は「世をいとふ僧」を見て歌人西行に思いをはせているので、この内容は正しい。

誤った内容を探す設問であるから、正解は②となる。

問8（答 ③ 野ざらし紀行）

松尾芭蕉がのこした有名作品は『野ざらし紀行』・『笈《おい》の小文《こぶみ》』・『更科紀行』・『奥の細道』・『嵯峨日記』の五作品。よって、正解は③。特に「月日は百代の過客にして、行きかふ人もまた旅人なり」から始まる『奥の細道』は重要作品。『奥の細道』だけでなく、松尾芭蕉の五つの有名作品はあわせて覚えておきたい。

①『おらが春』は、俳人・小林一茶《いっさ》の随筆・発句集（一八五二年刊）。②『新花摘《しんはなつみ》』は、俳人・与謝蕪村《よさぶそん》の俳句・俳文集（一七七七年に完成、一七九七年刊）。④『山の井』は北村季吟《きぎん》の俳書（一六四八年刊）である。

ちなみに、紀行文の中で読まれている俳句とは、もともと鎌倉時代に生まれた連歌から派生したもの（☞37頁）。連歌は人々が順番に発句（五・七・五）と付句（七・七）を繋げていくため、内容が無限に広がることから多くの人々に親しまれていた。

作品紹介

『奥の細道』

～桃青雑感～

（松尾芭蕉／江戸時代中期）

貴族は風流優雅な内容を尊びましたが、庶民は面白味や滑稽さを好みました。この庶民によって好まれた連歌を俳諧連歌と呼び、松尾芭蕉（俳号は桃青）はこの発句を独立させて文学にまで昇華し、明治時代の正岡子規によって俳句と命名されるに至りました。

ただ、無限の奥行きを持つ俳諧連歌の発句（五・七・五）を独立させるので、句に充分な内容を含ませるために芭蕉は旅をし続ける必要がありました。よって、芭蕉は故事やいわれのある土地をめぐり、そこに纏わる伝説や伝承を句に取り込むことによって奥行きを持たせようとしたのです。

本文は歌枕で有名な東北（陸奥の国）の白河の関を訪れたときのもの。『古今和歌集』巻十四に、ねじれ乱れたような石である「しのぶもぢ摺の石」が登場します。布をあててこすりつけ、そのねじれ模様を衣にすり込んで染める手法が「しのぶずり【忍摺り・信夫摺り】」です。揺れる恋心をその衣の乱れ模様に例えた句ですね。この歌を聞いた芭蕉は、どうしてもその石を見たいという思いに駆られて現地に赴いたところ、くだんの石は半分土に埋もれて放置されてしまっていたのです。そこで詠まれたのが「陸奥の」の句です。

早苗とる　手もとや　昔しのぶ摺

【訳】人々が早苗をとるその手つきを見ると忍摺りもあんなふうだったと、昔がしのばれることだよ。

芭蕉には、農夫の手元に古代が息づいているように思われたのですね。

第11回

解説 EXPLANATION

物語『宇津保物語』

語数
432語
得点
/50点
問題頁
P.47
古文音声

❶ 読解のポイント

主要な登場人物はけちな高基とその妻の市女《いちめ》、五歳の子供です。あきれかえるほどのけちな高基、彼に翻弄される妻の市女の様子を追いながら読解しましょう。地の文において高基に尊敬語が使用されていることに注意してください。そして、大臣であった高基がなぜ位を返上して美濃の国の国司になったのか。その理由も考察していきましょう。

〈あらすじ〉　非常にけちな人物であった大臣の高基のお話。病気になってもお祓いもしないどころか、三度の食事ももったいないと言い橘の実を一日に一つ食べるだけ。そんな夫にあきれた妻は姿をくらましてしまう。高基はたくさんの使用人が必要となる大臣職を辞して、美濃の国の国司となり、少数の使用人に田畑を開墾させて暮らしたという。

❷ 登場人物

A **三春高基**…非常にけちな人物。もったいないからと言って病気になってもお祓いもせず、食べ物も橘の実一つしか食べない。大臣となるが、使用人が増え、出費がかさむのに嫌気がさし、大臣の位を返上、美濃の国の国司となる。

B **市女**…Aの妻。橘の実を惜しんで食べようとしないAに、他から手に入れた橘であると偽って自宅の園でとれた橘を食べさせる。しまいにはAのけちな性格に嫌気がさし、どこかに去ってしまう。

C **子**…AとBの間に生まれた五歳児。Bと争ってAに「Bが食べさせた橘は自宅でとれたものだ」と告げ口をする。

3 全文解釈

（重要語／助動詞／接続助詞／尊敬語／謙譲語／丁寧語）

1

小くて病してほとほとしかりけるに、親大きなる願どもを立てたりけり。

（Aは）幼い頃から病気がちで今にも死にそうな様子であったので、親は大願を立てたのであった。

なくなりにける時に言ひおきけれど、かかる財の王にて果たさず。(1)その罪に恐ろしき病つきて、ほとほとしくいますかり。

（親が）亡くなってしまうときに（祈祷するよう）言い残したが、（Aは）このような大金持ちでありながらしなかった。その罪のために恐ろしい病気にかかって、今にも死にそうになっていらっしゃった。

市女B、祭り祓へせさせむとする時にのたまふ。「(2)あたらものを。わがために塵ばかりのわざすな。祓へすとも打撒に米いるべし。籾にて種なさば多くなるべし。修法せむに五石いるべし。壇塗るに、土いるべし。土三寸の所より多くの物出で来」とてせさせたまはず。

市女が、お祓いをさせようとするときに（AがBに）おっしゃる。「**もったいない**なあ。私自身のために少しばかりのお祈りもするな。お祓いするとしても散米に米が必要となるだろう。籾のままにして種とするならば多く実をつけるだろう。祈祷しようとすると、（米が）五石いるはずだろう。壇を作るのなら、土がいるはずだ。土三寸の範囲から多くの作物が出てくる」と言って（祈祷を）おさせにならない。

2

かくて、臥したまへるほどに、まうぼる物、日に橘一つ、湯水まうぼらず、

（Aが）このようにして、病に伏していらっしゃるときに、召し上げる物は、一日に橘の実一つだけで、湯水も口になさらず、

単語・文法・解説

★★ おく【置く】動カ四
①（霜や露が）降りる
②そのままにする・あとに残す
③除く・さしおく

★★★ あたらし【惜し・新し】形シク
①惜しい・もったいない
②新しい

II

「いたづらに多くの橘食ひつ。核一つに、木一樹なり。生ひ出でて多くの実なるべし。(3)いまは食はじ」とのたまふ。いささかなるものまうぼらで日頃経ぬ。

(Aは)「無駄に多くの橘を食べてしまった。種一つは、一樹である。成長してたくさんの実をつけるだろう。(Aは)これからは橘の実は食べないでおこう。」とおっしゃる。ほんの少しのものも召し上がらないで数日が❶経った。

「ここのにはあらで、橘一つ食はむ」とのたまふ。五月中の十日ごろの橘、これはなべてなし。この殿の御園にあり。みそかに市女とりて参る。大臣、子、市女の腹に五つばかりにてあり。母を怨じて大臣に申す。『(4)ここの橘をとりてなむ参りつると申さん』と言ひつれば、粟、米を包みてなむくれたる」と言ふ。弱き御心地に胸つぶらはしきことを聞きたまひて物もおぼえたまはず。市女「いと人聞き悲し。このあこ、おのれと腹立ちて、(5)『制したまふこと』とて申したまふになむ」と言ふ。(業にやあらざりけむ)、御病おこたりぬ。

(Aは)「うちの(庭の)ではない、(よその)橘を一つ食べたい」とおっしゃる。五月二十日頃の橘、そんなものは普通はない。この(Aの)殿の庭にはある。内緒で市女は(橘の実を)とって参る。大臣は、子供が、市女との間に五歳くらいの者がいる。(Cが)母の市女を恨んで大臣に申し上げる。「『ここ(自分の庭)の橘をとって差し上げたと(Aに)申し上げよう』と言ったら、(Bが口止めとしてCに)粟と、米を包んでくれたよ」と言う。(Aは)病気で弱っているところに胸がつぶれるようなことをお聞きになって何もお考えになることができない。市女は「たいそう人聞きの悪いことだ。子供は、私とケンカをして、あなたが禁止なさっていること(を私が犯している)と申しあげるのだ❷」と言う。お祓いをしないから祟ったわけではなかったのか❸、(Aの)御病気は治ってしまった。

□いたづらなり【徒らなり】形動ナリ
①退屈だ・暇だ ②役に立たない・無駄だ

□みそかなり【密かなり】形動ナリ
①内緒である

□ゑんず【怨ず】動サ変
①恨み言を言う・恨む

□おこたる【怠る】動ラ四
①病気が治る ②なまける

❶…「得・経・寝」はすべてが下二段型で活用し、語幹と語尾の区別のない動詞である。加えて「得」はア行に活用する動詞。ア行に活用する動詞は「得・心得」の二語。

❷…「に＋なむ」は結びが省略されているケースがあるが、この「に」は断定の助動詞「なり」の連用形であることが多い。

❸…過去推量の助動詞「けむ」は過去の婉曲(…たような)・過去の伝聞(…たという)・過去の原因推量(…なので…なのだろう)などの用法がある。本文は過去の原因推量の用法である。

3

かくて、市女の思ふほどに「高き人につきたれど、わが売り商ふものを

こうして、市女が思うことには「（私は）高貴な人と結婚したが、私が商売をして手に入れたもので、

こそ、わが身よりはじめて食ひ着れ。わがほどにあたらむ男をこそせめ」と

自分をはじめ（家族の）食物や着るものを整えている。私の身にあった男を夫としよう」と

思ひて(6)逃げ隠れぬ。市女のありて、(7)知らせでとかくせしにならひて、侍ひ

思って逃亡してしまった。市女がいたときは、（Aに）知らせないであれこれ世話をしていたことに慣れてしまって、

の人々、時々もの申しければ、大臣「朝廷に仕うまつればこそ、人のなきも

使用人たちは、時々（Aに）物を乞い申し上げたので、大臣は「朝廷に（大臣として）仕えているからこそ、使用人がいないの

苦しけれ。畑を作りて、一人二人の下衆を使ひてあらむ」とて(8)位を返し

も差し障りがある。（大臣などやめて）畑を耕して、一人か二人の下衆を召し使っていたい」と言って大臣の地位を返上し

たてまつりたまひ、例なきことのたまふ。「つきなき身にて、高き位用ゐるべから

申し上げなさり、前例のないことをおっしゃる。（Aは）「（私に大臣の位は）ふさわしくない身分で、高位にある必要

ず。山賤らを従へて、田、畑を作らむ。この位を返したてまつりて、ひと国一つ

などありません。山賤たちを従えて、田畑を作ろうと思います。この位を返上申しあげて、一国をいただこ

を賜はらむ」と申す。「さもいはれたり」とて、大臣の位をとどめられて美濃国を

うと存じます」と申しあげる。（朝廷は）❹「それもごもっともだ」と言って、大臣の位を取り上げなさって美濃の国を

賜ひつ。

お与えになった。

□はじむ【始む】動マ下二
①始める ②はじめとして

★★★
□ならふ《ウ》【慣らふ・習ふ】動ハ四
①慣れる・慣れ親しむ ②学ぶ

□つかふ【使ふ・遣ふ】動ハ四
①用いる ②召し使う
③（心を）働かせる
④支配する

★★
□つきなし【付き無し】形ク
①ふさわしくない
②はっきりしない

❹…いはれたり【言はれたり】は連語として考え、「ごもっともだ」という意味になる。

II

❹ 解答・解説

問1 (答) Ⓓ 子どものころに神仏のおかげで命が助かったのに、大金持ちになった後でも御礼をしなかったこと)

前文に「(親が) なくなりにける時に言ひおきけれど、かかる財の王にて果たさず」とあることに注意する。ここに見られる「財の王」とはけちな高基のこと。病弱の高基を案じた親が仏に大願を立てるよう言い残したが、高基は神にお供えをするのをもったいながり、祈りを怠ったのである。よって、正解はⒹ。

Ⓐ=×…直接身に病を受けることになったのは、親に従わず、神仏にお祈りをしなかったことによるから間違い。

Ⓑ=×…「自分の命と引き替えに高基の命を救った」が内容と異なる。

Ⓒ=×…「親が神仏に祈ったおかげで資産家になった」が、病弱な高基の命を救うように神仏に親が祈ったという「大きなる願」の内容と不一致。

Ⓓ=○…正しい。

Ⓔ=×…「妻が高基の病気の治癒を神仏に祈願しようとしている」がおかしい。

問2 (答) (2) Ⓐ もったいないなあ (3) Ⓑ もう食べないように (5) Ⓓ 大臣が禁止なさったこと)

(2) 「あたら」は「惜しい・新しい」と訳すシク活用の形容詞「あたらし【惜し・新し】」の語幹の用法。「ものを」は「…のに・…なあ」と訳す詠嘆の意の終助詞。正解はⒶ。

(3) 「食はじ」の主体は「私(=高基)」であるので「じ」は「…つもりはない」と訳す打消意志の意であると考えることができる。正解はⒷ。Ⓓは打消推量の意。

(5) 「いと人聞き悲し。……制したまふこととて申したまふになむ」は妻の市女が高基にむかって「息子とケンカしてしまい、その腹いせに息子が父の高基に告げ口した」という内容である。高基は家の橘の実を**食べないように**と周囲に話していたが、高基の身体が衰弱していくのを見かねた市女が、よそからのもらい物であると偽って食べさせていたのである。それを子供が母の市女に怒られた腹いせに高基に暴露してしまった。「制したまふ」の主体は高基。絶対に自宅の橘の実を食べさせるなという高基の戒めを指す。よって、正解はⒹ。

問3（答 Ⓑ お母さんがうちの園の橘の実をとって食べさせたのだと、お父さんに告げ口しよう）

「『ここ／の／橘／を／とり／て／なむ／参り／つる／と／申さ／ん』／と／言ひ／つれ／ば、／粟、／米／を／包み／て／なむ／くれ／たる」

「『ここの橘……くれたる」は息子から父の高基への会話文である。「参りつると申さん」の主体は息子で、「粟、米を包みてなむくれたる」の主体は母である市女である。『（お母さんが）ここの橘をとって（お父さんに）差し上げたと申し上げよう』と言ったら（お母さんが口止め料にと私に）粟と、米をくれたよ」と高基に告げ口したのである。正解はⒷ。

問4（答 Ⓒ 大臣に養ってもらえない上に、自分が商売をした利益でみんなを養っているので結婚している意味がないから。）

「高き／人／に／つき／たれ／ど、／わ／が／売り／商ふ／もの／を／こそ、／わ／が／身／より／はじめ／て／食ひ／着れ。／わ／が／ほど／に／あたら／む／男／を／こそ／せ／め」

妻の市女が夫から逃げ隠れた理由は、直前の右の市女の心中表現に見られる。「高き人」とは高基のことである。高基は身分の高い人だと思って結婚したが、ひどくけちで私の手に入れたもので生活をするありさまであった。そんな素性に耐えかねて、こんなことなら自分の身の丈に見合った人と結婚した方がましだと市女は考えたのである。よって、正解はⒸ。

問5（答 Ⓓ 市女が大臣に知らせないようにして、あれこれと使用人たちの世話をしていたこと）

問4でも触れたが、妻は家の出費を自らの蓄財の中から補っていた。家にお仕えする人の給金も妻の蓄財の中から捻出していたのである。「知らせでとかくし」は、妻の市女が夫の高基に知らせないで、あれこれと使用人に身銭を与えて生活をしていたということ。よって、正解はⒹ。

問6（答 Ⓐ 高い位についていると出費がたいへん大きいので、それが精神的な負担であるから。）

「朝廷《名》／に《格助》／仕うまつれ《四[已]〈ウ音便〉》／ば《接助〈原因〉》／こそ《係助》、／人《名》／の《格助〈主格〉》／なき《ク[体]》／も《係助》／苦しけれ《シク[已]》。／畑《名》／を《格助》／作り《四[用]》／て↓、／一人《名》／二人《名》／の《格助》／下衆《名》／を《格助》／使ひ《四[用]》／て↓／あら《ラ変[未]》／む《意志[終]》」

高基が大臣の位を返上した理由は、傍線部(8)の前にある文章にあると考えること。大臣をやっていると数多くの使用人が必要となり、出費がかさむのが耐え難いと考えたのが辞職の理由であることがわかる。正解はⒶ。

問7（答 Ⓔ 狭衣物語）

『宇津保物語』は平安中期の作者未詳のつくり物語。Ⓐ～Ⓕの中で、Ⓔ『狭衣物語』のみが作り物語である。よって、正解はⒺ。それぞれの作品の紹介については、巻末の文学史一覧を参照しておくこと（148頁）。

作品紹介

『宇津保物語』

～ドケチ王、高基～

（作者未詳／平安時代）

『宇津保物語』は平安中期の作者未詳の物語。琴の秘曲伝授についての霊験物語、貴宮を中心とする求婚物語、および政権争いの内容が描かれています。本文は貴宮を中心とする求婚話の中の一節です。かぐや姫の物語である『竹取物語』においても非常に濃い性格の五人の求婚者が登場しますが、今回はそれを超越するお話。三春高基という超絶のけち人間の登場です。現在でもミニマリストと言って最小限の物だけで生活を行なう人がおりますが、それにしても高基は度を越しています。

高基は使用人に報酬を与えないばかりか、自分自身の食べ物をも惜しんで、ほとんど何も口に入れません。橘の実を一つだけ食し、それを食べるのも惜しむようになって体調不良に陥ります。みかねた妻がよその人にもらったと偽って自宅の橘を食べさせますが、実は家でとれた橘だと知り、高基は茫然自失の様子に陥ります。そして愛想をつかした妻は逃げるようにいなくなってしまいました。

高基はもともと妻に大した愛情を持っておらず、あまり浪費をしそうもない女だということで妻にしたという経緯があったため、後に高基は貯めた富を朝廷に納めてどんどん出世し大臣にまで上り詰めます。ところが大臣になると使用人が多くなり、それらに報酬を与えることに嫌気がさし、大臣の位を返上して、美濃国の国守となり、ますますケチ道に邁進します。さてここまでが本文のお話。ではこの後、高基はどうなったでしょうか。

なんと貴宮のうわさを聞くや否や恋に落ちてしまうのです。彼女に気に入られるために豪華絢爛な家を建立したり、数々の贈り物をしたりするのです。あんなにけちだった男が貢ぐことなんてあるんですね。でも高基は相手にされず、莫大な投資は結局無駄になってしまいました。

優れた人物の話に興味を持つ人がいれば、愚かな者の話を面白がってしまう人がいるというのも、今も昔も変わらないのですね。

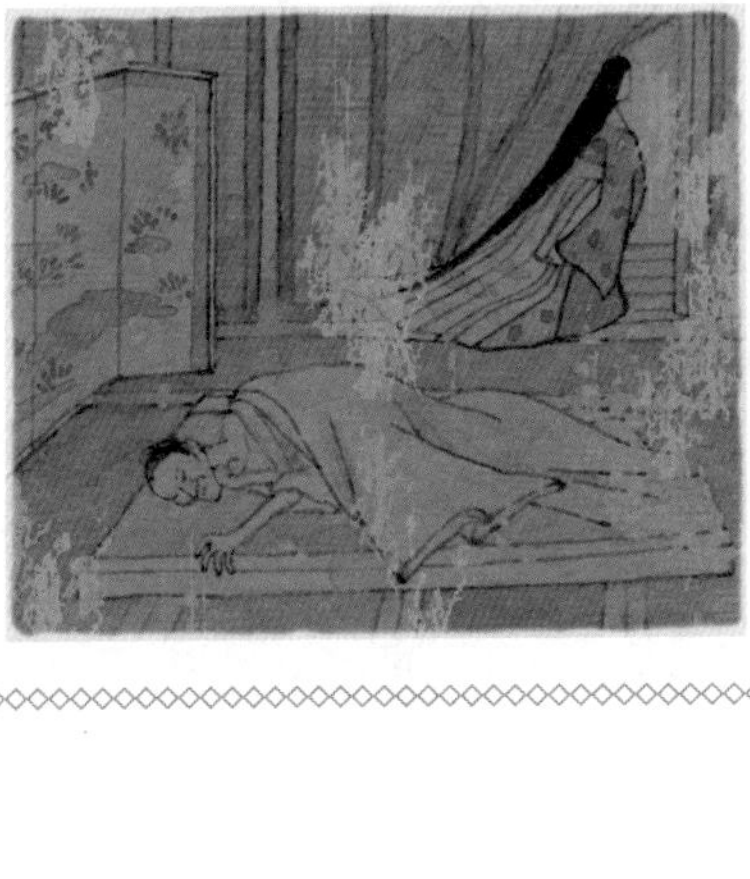

第12回 解説 EXPLANATION

物語『浜松中納言物語』

語数
340語
得点
50点
問題頁
P.52
古文音声

❶ 読解のポイント

中納言の会話文の中の尊敬語の主体は帝であり、謙譲語の主体は中納言自身です。本文の二首の歌は帝が遣わした内侍が中納言に対して詠んだものです。「浦波」「高瀬の波」が何のたとえかを考察しながら読解してください。

帝は中将の内侍を中納言のもとに派遣して、娘との縁談を持ちかけています。意中の人がいる中納言はその縁談を受け入れない。それぞれの立場を理解しながら読解していきましょう。

〈あらすじ〉　帝から娘との結婚をすすめられる主人公の中納言。尼となった義妹に恋慕する彼はまったく乗り気ではなく、帝から派遣された中将の内侍を通じて、長く生きられないという相人の予言を口実に縁談を断ってしまう。なすすべもないと判断した内侍は、二首の歌を通じ中納言に恨み言を言って立ち去るのであった。

❷ 登場人物

A 中納言 …主人公。Cから娘のDとの縁談を持ちかけられてはいるが、Bを思慕しているため、Eを通じて断ろうとする。出家後のBの世話をしている。

B 海女の苫屋 …出家をとげてしまったAの意中の女性。Aの義妹。

C 帝 …自分の娘であるDをAに嫁がせたいと考えている。

D 皇女 …歌の中では「高瀬の浜」「波の高瀬」がこの人物に該当する。Cの娘。

E 中将の内侍 …以前、Aと歌を詠み合ったことのある女性。AからDとの縁談を断るように依頼される。

1

❸全文解釈

（重要語／助動詞／接続助詞／尊敬語／謙譲語／丁寧語）

めでたかるべきこと、いとあいなく思して、月の行方たづねし中将の内侍は

（AはDとの縁談という）すばらしいはずの出来事を、たいそうつまらないとお思いになって、「月の行方」という歌を詠みかけた中納言の内侍は帝のところにも兼ねてお仕えする人なので、

内の御方にもかけてさぶらふ人なれば、物語のついでに、「唐土にて

何かの話のついでに、（AはEに）❶「中国で

かしこかりし相人どもの、『二十四、五、六過ぐさむことなむ、いみじうかたげなり』

すぐれた相人（占い師）が、（Aに）『二十四、五以上生きていることは、たいそう難しそうだ』と

とあまた言ひし折に、みづからの心にも、『昔より世にあるべき人は(1)かく

何度も言ったときに、自身の気持ちとしても、「昔から長生きすることのできるような人はこんな

はあらじものを、(2)すずろに心の浮かびたるやうなるは』と思ひわたり

ふうではないだろうに、むやみやたらに心が浮ついているようであるのは（どうしたことだろうか）」と（Aは）ずっと思って

はべりしに、相しおほせられぬる心地して、いみじうもの心細うおぼえ

おりましたが、すべて言い当てられてしまった感じがして、たいそう何か心細く思われ

はべれば、『三、四、五年がほどは、行ひより他のことなくて試みむ、(3)その

ますので、「三、四、五のうちは、仏道修行以外のことは考えないようにしよう、その期

ほど過ぎなば、世にあるべき』と思ひしづまりて、『その折に、ともかくも身

間が過ぎたなら、この世の中で生きていくことができるだろう」と思い定めて、「そのときに、ともかく自分の身の上

12

単語・文法・解説

□★★めでたし【愛でたし】形ク
①すばらしい

□★★★あいなし【愛無し・合無し】形ク
①つまらない ②道理に合わない

□★★★かしこし【畏し・賢し】形ク
①恐れ多い ②すぐれている

□かたげなり【難げなり】形動ナリ
①難しそうだ ②めったになさそうだ

□★★★すずろなり【漫ろなり】形動ナリ
①むやみやたらに ②無性に…だ・しきりに…だ ③思いがけない

□★★★おこなひ《イ》【行ひ】名
①仏道修行

❶…「唐土にて……はべりなむかし」の中に使用されている尊敬語・謙譲語の敬意は帝に対してのものであり、丁寧語の敬意の方向は中将の内侍に対するものであると考えること。

をば思ひ定めむ、」と思ひはべりつつ、さるべき人々、内々気色ばむことども

を思い定めよう、」と思いつつ、しかるべき人々が、内々に（縁談を）ほのめかすことも

多くはべれど、聞き過ぐしのみしはべるを、身に余るばかりかしこき御気色を、

数多くございましたが、聞き過ごしてばかりしておりましたが、身に余るばかりの恐れ多い（Cの）ご意向を、

限りなく承るも、それよりこなたは、さやうに馴れつかうまつらむも、いみじう

この上もなくお聞きするにつけても、仏道修行に入る前に、そのように（Dを妻にして）慣れ親しみ申し上げるのも、たいそ

憚られはべれば、そのほどは宮人になさせおはしまして、朝夕の宮仕へを

う遠慮してしまいますので、（Aを夫としてではなく）皇女にお仕えする人にさせなさって、日々の宮仕えを

怠らずつとめつかまつらむほどに、世にありなしの命の際は見えはべり

怠けずつとめお仕え申し上げるうちに、生きられるか否かの境目はきっと見える

なむかし」などのたまふを、「限りなく思ひ定め給ふ(b)なる、❷海人の苦屋より他の

でしょうよ」などとおっしゃるのを、「この上なく思い定めていらっしゃるという、尼になった義理の妹以外の

ことは、また心あらじとなんめりかし」と(4)心得る❷も、推し量り(5)心にくう、

女性については、愛する心はないつもりだと言いたいのだろう」と（Eは）心得ても、（Aを）推し量り**心ひかれて**、

「いかばかりものし給ふにかあらむ、世をそむき変はれる有様ながら、なほ

「（Aの愛するBとは）どれほどの人でいらっしゃるのだろう、（Bが）**出家をして**様子が変わっていながらも、やはり（Bが

横目せじとばかり、かたじけなき御ことをば省き捨て給ふめる(6)めざましさ

他の人に**心変わり**するまいとばかりに、**恐れ多い**皇女とのご縁談を眼中におきなさらないようなのは**気に食わない**こと

□**けしきばむ**【気色ばむ】動マ四
①兆しが見える ②顔色に表れる ③ほのめかす

□**けしき**【気色】名
①様子・態度 ②機嫌 ③兆し ④意向

□**こころにくし**【心憎し】形ク
①奥ゆかしい・心ひかれる

□**よをそむく**【世を背く】連
①出家する ②俗世を嫌う

□**よこめ**【横目】名
①わき見 ②心変わり ③見張り

□**かたじけなし**【辱し・忝し】形ク
①恐れ多い・もったいない ②恥ずかしい

□**めざまし**【目覚まし】形シク
①興ざめだ・気にくわない ②思いのほか立派だ

❷…ここでの「なる」は、中納言が義妹のことを密かに愛していることを内侍が聞いていたということで伝聞・推定の助動詞「なり」の連体形。

❸…古文においてア行の動詞はすべて下二段活用動詞。「得《う》」「心得《こころう》」「所得《ところう》」の三語のみ。

よ、」と おぼえ て、

よ、」と思われて、

❹いかなれ や (7)B浦島 に のみ 波 かけ て (8)D高瀬 の 浜 に 寄ら じ と は する

どういうことなのでしょう。ひたすら浦島だけに波をかけて、高瀬の浜によるまいというのは。

と 言ふ を、うち笑ひ て、まめやかに 心細き 身 の 憂へ を 聞こゆれ ば、「さ も

というのを、（Aは）笑って、誠実な様子で不安な身の上のつらい気持ちを申し上げると、（Eは）たいそう

あさましう」と 恨み て、

驚きあきれたことだと不満になって、

(9)長浜 や 長き 心 を 思ふ まに あやぶみ かくる D波 の 高瀬 を

長浜のように長々と義妹のことを思っているうちに、高貴ですばらしい人との関係が危うくなってしまいますよ。

など 答へ て あかれ ぬ。

など答えて立ち去った。

□まめやかなり【忠実やかなり・実やかなり】形動ナリ
①誠実だ ②実用的だ・本格的だ

□★★★**あさまし**【浅まし】形シク
①（意外なことに）驚きあきれたことだ ②情けない・興ざめだ

❹…「どういうつもりで義妹ばかりを思って、皇女との縁談を断ろうというのでしょうか」という意味。

12

❹ 解答・解説

問1（答）ハ 心が浮つくことはないだろうに）

「かく」の指示する内容は前文には見当たらないので、後文の内容に注意すること。「ものを」は逆接の接続助詞。直前の「昔より世にあるべき人」の「ある」は、「生きる」と訳すラ行変格活用動詞「あり【在り・有り】」の連体形。「昔から長生きすることのできるような人」くらいに訳す。「かくはあらじものを」は「(私のような)こんな感覚ではないのに」くらいに訳す。とすれば、「かく」は後文の「すずろに心の浮かびたるやうなるは」を指すことになる。つまり、「長生きをする人間はこんな浮ついた気持ちは持たないものだ」と中納言は内侍に告げているのである。よって、正解はハ。前文だけでなく後文とのつながりにも留意して正解を導くこと。

問2（答）(2)ハ なんとなく　(5)ホ 心ひかれて　(6)ロ 気にくわないことよ）

すずろに（ナリ[用]）／心（名）／の（格助）〈主格〉／浮かび（四[用]）／たる（存続[体]）／やう（名）／なる（断定[体]）／は（係助）／と（格助）／思ひ（四[用]）／わたり（四[用]）／はべり（ラ変[用]〈補〉）／し（過去[体]）／に、（接助〈単接〉）

傍線部(2)「すずろに」は「むやみやたらに／むしょうに…だ／思いがけない」の意のナリ活用の形容動詞「すずろなり【漫ろなり】」の連用形。この語は自分の意志とはうらはらに物事がすすんでいく、思いがけないことが起こるようなケースに使用される。心が無性に浮ついていることを表す言葉を選択すると、ハが最もその意味に近い。

海人（名）／の（格助）／苫屋（名）／より（格助）／他（名）／の（格助）／こと（名）／は、（係助）／また（副）／心（名）／あら（四[未]）／じ（打意[終]）／と（格助）／なん（断定[体]）／めり（推定[終]）／かし（終助）／と（格助）／心得る（下二[体]）／も、（係助）／推し量り（四[用]）／心にくう（ク[用]〈ウ音便〉）

傍線部(5)「心にくう」は「奥ゆかしい」のようにプラスイメージの意に訳すク活用の形容詞「こころにくし【心憎し】」の連用形「心にくく」がウ音便化したものである。したがって、マイナスイメージを持つイ・ロ・ハは誤り。文脈から考えて「頼もしく」は除外して考えること。正解はホ。

かたじけなき（ク[体]）／御こと（名）／を（格助）／ば（係助）／省き（四[用]）／捨て（下二[用]）／給ふ（四[終]〈補〉）／める（推定[体]）／めざましさ（名）／よ、（間助）

傍線部(6)「めざましさよ」の「めざましさ」は「興ざめだ・気に食わない・思いのほか立派だ」と訳す、シク活用の形容詞「めざまし【目覚まし】」に接尾語の「さ」が接続して名詞化したもの。皇女との縁談を断ってまで尼になった義妹を恋慕する、中納言の心情に呆れはてた内侍の心情を表現した言葉であると判断する。正解は㋺。

問3（答 ㋭ その期間が過ぎたなら、世の中で生きていけるだろう）

「そのほど」は前文の「三、四、五年がほど」を指している。中納言は縁談を断る理由として、中国にいた時に相人から聞いた「二十四、五、六過ぐさむことなむ、いみじうかたげなり（＝自身が二十四〜二十六歳の間に命を落とすかもしれない）」という予言の内容をあげ、それに加えて、これからこの三年間無事ならば、皇女との結婚も考えたいと答えている。「なば」の「な」は完了の助動詞「ぬ」の未然形。未然形に接続する接続助詞「ば」は「もし……ならば」のように仮定の用法であるから、㋑㋺㋩㋬は不正解。「世にあるべき」が「生きていくことができるだろう」の意であると考えると、正解は㋭。

問4（答 ㋺ 中将の内侍）

中納言は以前に歌を詠み交わしたことのある中将の内侍を取次にして、帝の娘との縁談を断ろうとしている。中納言は長く生きられないかもしれないという占いを口実にしているが、本当の理由は義妹に対する恋慕にあるからである。そのことを中将の内侍は気づき心得ているのである。よって、正解は㋺。

問5（答 ㋭「浦島」は中納言の義妹を指しており、「高瀬の浜」は皇女を指している。）

「いかなれや」の歌は尼になった義妹のことを思うあまりに、せっかくの皇女との縁談を破談にしようとする中納言に対して中将の内侍が詠んだ歌である。そこに留意して解釈すること。「浦島」にばかり寄っていき、「高瀬の浜」にどうして寄らないのかと言っているわけだから、「浦島」は想い人である義妹、「高瀬の浜」は身分の高い皇女のことをたとえていることになる。よって、正解は㋭。

12

問6（答 ㋬ 中将の内侍が詠んだ和歌であり、いつまでも尼に愛情を注ぐ中納言をあてこする意図がこめられている。）

この歌は「いかなれや」という歌に続けて、再び中将の内侍が中納言に詠んだ歌である。「いかなれや」を聞いても中納言はまともに取り合おうとはしない。そんな中納言に対して、中将の内侍はいさめるような気持ちでこの歌を詠んでいるのである。そのようなやりとりを考慮しながら解答すること。よって、正解は㋬。

問7（答 ㋺ 源氏物語　㋣ 大和物語）

有名な文学作品の成立時代はおおまかに整理しておくこと。成立が『源氏物語』の後か先かが入試のポイントになることが多い。詳細は巻末の文学史一覧を参照（☞148頁）。

『浜松中納言物語』などは『源氏物語』を模倣した物語である。したがって、『浜松中納言物語』は『源氏物語』の成立以後の物語として覚えておいてほしい。これと比較して『大和物語』などの歌物語や、『落窪物語』などの作り物語は『源氏物語』成立以前の作品である。よって、『浜松中納言物語』より以前の作品は㋺と㋣である。

作品紹介

『浜松中納言物語』（作者未詳／平安時代後期）

～もう一度生まれ変わったら～

『浜松中納言物語』は、日本と中国にまたがる恋や転生を中心とする平安後期の物語。筆者が誰であるかはまだ確定していません。全六巻あったとされますが、首巻が散逸しており、五巻しか現存しないので全貌は定かではありません。

主人公の中納言は、姫を愛しながらも夢の御告げに従って結ばれないでいますが、その隙を見計らって好色な式部卿が無理やりに姫と関係を結んでしまいます。

中納言を愛しながらも姫君はどうすることもできないといった筋書きが、『源氏物語』の後半の「宇治十帖」に酷似していますね。ですが、夢の御告げで亡き父が中国の皇太子に転生していると聞き、父を探しに入唐するといった「夢」や「転生」という非現実的世界への憧れを描かれている点は非常に独自性のある作品です。

筆者は、『源氏物語』の「宇治十帖」に強い関心を持ち、「夢」や「転生」などに強い関心がある人物だと言われています。夢の中で阿弥陀仏が現れて死後の極楽往生を約束したり、これからの自分の将来を僧が夢語りしたり、『源氏物語』の「宇治十帖」に登場する薫君に憧れたりする場面が『更級日記』に見られることから、菅原孝標女が筆者ではないかと言われています。

もしそうならば、彼女は決して結ばれることのなかった男性のことを、「もう一度生まれ変わることができたら、あのお方と一緒になることができるかも」などと思いながら『浜松中納言物語』を創作したと考えてはいかがですか。ちょっと飛躍し過ぎでしょうか。妄想は禁物ですね。よろしかったら『古文レベル別問題集①』の一五八頁「『更級日記』～心の人との思い出～」を見てくださいね。

第13回 解説 EXPLANATION

小説『雨月物語』

語数
538語
得点
50点
問題頁
P.57
古文音声

❶ 読解のポイント

「面なき……はじめなん」「女の浅き心より……給へかし」「いと喜しき……帯かせ給へ」「今夜は……明かさせ給へ」の四箇所が真女子から豊雄に対する会話文であり、使用されている尊敬語の主体は豊雄（あなた）、謙譲語の主体は真女子自身（私）。「はじめより……身をも忘れて」「まだ赦しなき……詣でなん」は豊雄から真女子に対する会話文、尊敬語の主体は真女子（あなた）、謙譲語の主体は豊雄（私）となります。敬語を注視しながら物語の展開を追っていきましょう。

〈あらすじ〉 田舎生まれであるが、都風の風流を好む豊雄という人物がいた。雨宿りの折に真女子という美しい女に傘を貸した縁で、翌日彼女の家に招待される。夫を亡くし今は独り身であると話し、親しげに豊雄に近づこうとする真女子。豊雄は真女子に惹かれながらも、一夜を共にせず再度の逢瀬を約束して家を出たのであった。

❷ 登場人物

A **豊雄**…和歌山の裕福な網元の家の次男であったが、家業を嫌い都に憧れ、親のすねをかじる自堕落な生活を送っている。ある日Bに出逢い、傘を貸した縁でBの家に行く。Bと親しく話し、夫婦になろうと考え、実家にその旨を告げるべく向かう。

B **真女子**…雨宿りの際にAに傘を借り、そのお礼に自分の家に招く。現在の境遇を語り、亡き夫の遺品である金銀で装飾されてある刀を渡そうとする。見た目はたいへんな美女で、未亡人と名乗っているが実は蛇が化身した妖怪。

C **乳母**…Bが父母を亡くした後、身を寄せていたと話している人物。後に尼になって行方知れずになったと言う。

D **此の国の受領の下司の何某**…国司に仕える下役人であったBの亡き夫。BがAに送った金銀の太刀を大切にしていたという。

1

3 全文解釈

（重要語／助動詞／接続助詞／尊敬語／謙譲語／丁寧語）

客A も主B もともに酔ごこちなるとき、真女子B 杯をあげて、豊雄A にむかひ、

客も主人もともにほろ酔いになる折、真女子が杯を掲げて、豊雄に向かって、

花精妙桜が枝の水にうつろひなす面に、春吹く風をあやなし、梢たちぐく鶯

桜の枝が水面に映るような顔で、春に吹く風が風情をかもし、梢に飛び回る鶯のよ

の、艶ある声していひ出づるは、「面なきことのいはで病みなんも、いづれ

うな、美しい声で（Bが）話し出すと、「面目ないことも言わず病気になったとしたら、神のたたりだとどこかの

の神になき名負すらん❶かし。（イ）努徒なる言にな聞き給ひそ。故は都の生

神にまで無実の罪をきせることになるであろう。決して浮ついた言葉とお聞きにならないで下さい。（私は）もともと京の都

なるが、父にも母にもはやう離れまゐらせて、❷（a）乳母C の許に成長りしを、

の出身だが、父にも母にも早々と死に別れ申し上げて、乳母のもとで育ちましたが、

D 此の国の受領の下司県の何某に迎へられて伴ひ下りしははやく三とせ

この国の国司の下役人の某に（妻として）迎えられて一緒にこの国に下向して早くも三年

になりぬ。夫D は任はてぬ此の春、かりそめの病に死し給ひしかば、便なき

になってしまいました。夫は任期が終了したこの春、（Dが）一時的な病のためにお亡くなりになられたので、（私は）不憫

身とはなり侍る。❷都の乳母C も尼になりて、行方なき修行に出でしと聞け

な身になっております。（私の世話をしてくれるはずの）都の乳母も尼になって、行方も知らない修行に出立したと聞きます

単語・文法・解説

□うつろふ《ウ》【映ろふ】動ハ四
①（光や影などが）映る

★□おもなし【面無し】形ク
①恥知らずだ　②面目ない

★★★□ゆめ【努・勤】副
①決して〈↓禁止〉②全く〈↓打消〉

★★★□あだなり【徒なり】形動ナリ
①はかない　②浮気だ
③無駄だ

□かりそめ【仮初】名
①一時的なこと
②軽々しいこと

★★★□びんなし【便無し】形ク
①不都合だ・良くない
②気の毒だ・不憫である

❶…現在推量の助動詞「らむ」は、終止形及びラ変の連体形に接続する。

❷…夫や両親などを失った女が、乳母に身をよせるのはよくある成り行きである。

ば、彼方も又しらぬ国とはなりぬるを、(1)あはれみ給へ。きのふの雨のやどりの御恵みに、信ある御方に❸こそとおもふ物から、今より後の齢を❹もて御宮仕へし奉ら❺ばやと願ふを、汚き物に捨て給はずば、此の一杯に千とせの契をはじめなん」といふ。豊雄Ａ、もとよりかかるを❸こそと乱心なる思ひ妻なれば、塒の鳥の飛び立つばかりには思へど、おのが世ならぬ身を顧みれば、親兄弟のゆるしなき事をと、かつ喜しみ、且恐れみて、頓に答ふべき詞なきを、真女子Ｂわびしがりて、「女の浅き心より、嗚呼なる事をいひ出でて、帰るべき道なきこそ面なけれ。かう浅ましき身を海にも没らで、人の御心を煩はし奉るは罪深きこと。今の詞は徒ならねども、(2)只酔ごこちの

ので、京もまた何の関わりもない国になってしまったのを、（Aは）（どうか）気の毒に思いなさってください。昨日の雨宿りのお恵みから、（Aは）信用のおけるお方であろうと思いますので、（Bは）今から後の余生を（Aの）妻として送り申し上げたいと願いますが、もし（AがBを）けがれたもの見捨てなさらないならば、この一杯を（夫婦の盃として）千年の契りを始めたいものです」と言う。豊雄は、始めから（この女と）深い関係になりたいと心を乱していた愛しい女なので、巣にいた鳥が飛び立つように浮かれた気分に思うが、（Aは）自分で生計を立てていない身であることを憂慮して、親や兄弟の了解を得ていない事であると思い、**一方**では嬉しく、また**一方**では恐れ多いと、**急には**答える言葉を思いつけないでいるのを、真女子はつらそうにして、「浅はかな女心から、馬鹿げたことを言い出して、今更戻る事の出来ないようなのが面目ないことです。このように驚きあきれた身を海に投げることもなく、（Aの）心を煩わし申し上げるのは罪深いことであります。今の（Bの）言葉は**無駄**ではないが、ひたすら酔ったうえでの

□かつ【且つ】副 ★★
①一方では ②次に・すぐに

□とみに【頓に】副
①急には・すぐには

❸…「こそ」は結びが已然形になる強意の係助詞だが、結びが省略されてしまう場合がある。

❹…「もて」は、「もちて」を省略した言葉。

❺…未然形に接続する「ばや」は「…したい」と訳す自己の願望の終助詞。豊雄と結婚したいという真女子自身の願望を表現している。

2

狂言におぼしとりて、ここの海に捨て給へかし」といふ。
〔冗談とお考えになって、この近くの海にでも捨てるようにお忘れになってくださいよ」と言う。

A 豊雄、「はじめより都人の、貴なる御方とは見奉るこそ賢かりき。鯨よる浜
豊雄は、「（出逢って）はじめより（Bを）京の都の高貴なお方とお見受けしたのは（我ながら）**すぐれていました**。鯨が立

に生立ちし身の、かく喜しきこといつかは聞ゆべき。即ての御答もせぬ
ち寄るような浜で育った私のような身にとって、こんなに嬉しいことはいつ聞くことがあろうか。すぐにご返答もしないの

は、親兄に仕ふる身の、おのが物とては爪髪の外なし。何を、禄に迎へ
は、親兄弟に面倒をお掛け申し上げる身の上は、自分のものとしては爪と髪の他にないからです。何を、結納として贈り

まゐらせん便もなければ、身の徳なきをくゆるばかりなり。何事をも
申し上げるようなものがないので、財産のないのを残念に思うばかりなのです。（Bが）どんなつら

おぼし耐へ給はば、❻いかにもいかにも後見し奉らん。孔子さへ倒るる恋の山
いことがあっても耐え忍びなさるのならば、どんなことでもお世話申しあげましょう。『孔子のような徳のある人でも恋の山

には、孝をも身をも忘れて」といへば、「いと喜しき御心を聞きまゐらする
には、（親への）孝行や（自らの）身の上もおかまいなく』と言うので、（Bは）「たいそう嬉しいあなた様の御心をお聞き申し上

うへは、貧しくとも時々ここに住ませ給へ。ここにD前の夫の二つなき宝に
げる以上は、貧しくても時々ここにお通いになってください。この前の夫が世に二つとない宝として大切になさっていた所

めで給ふ、帯あり。これ常に帯かせ給へ」とてあたふるを見れば、金銀を飾り
持品があります。これをいつも身に付けなさってください」と言って（Bが）与えるものを（Aが）見たところ、金銀が装飾さ

★★★
□**かしこし【畏し・賢し】**形ク
①恐れ多い　②すぐれている

❻…「など」・「いかに」・「いかが」といった疑問・反語の副詞は、係結びの法則に従って文末は連体形になる。

13

たる太刀(3)のあやしきまで鍛うたる古代の物なりける。物のはじめに辞み

れた太刀で甚だしいほど鍛え上げた年代物であった。ことのはじめに（贈ってくれたものを）断る

なんは祥あしければとて、とりて納む。「今夜はここに明させ給へ」とて、

のは縁起が悪いからと思って、受け取って懐におさめる。（Bが）「今夜はこの場で夜を明かしなさってください」と

あながちにとどむれど、「(二)まだ赦なき旅寝は、親の罪し給はん。明の夜よく

言って、強引にとめようとするが、（Aは）「まだ赦しもない外泊は、親がおしかりになるだろう。明日の夜うまくごま

偽りて詣でなん」とて出でぬ。

かして参りましょう」と言って（女の家を）後にしたのであった。

□あやし【賤し・怪し】形シク
①みすぼらしい ②不思議だ
③身分が低い ④甚だしい

□いなむ【否む・辞む】動マ上二
①拒む ②断る

4 解答・解説

問1（答 ① 恋の思いをうちあけないうちに病気になったこと。）

傍線部(1)の前文「故は都の生なるが、……彼方も又しらぬ国とはなりぬるを」の内容に注意して解答すること。

この箇所から、父母が亡くなった後に国司の下役人の妻となったが、夫に先立たれ、世話になっていた京都の乳母も尼になって離れてしまい京の国も身寄りのない国になったということがわかる。したがって、本文に記載されていない内容は①の記載のみである。

問2（答 ③ **真女子を失ったら、都の女と出会う機会は二度とないと豊雄は思ったから。**）

真女子に対する豊雄の返事は傍線部(2)の後の「はじめより……孝をも身をも忘れて」の箇所である。その中にある以下の箇所が豊雄の心情を表していると考えること。よって、正解は③。

はじめ《名》／より《格助》／都人《名》／の《格助》《同格》、／貴なる《ナリ[体]》／御方《代名》／と《格助》／は《係助》／見《上二[用]》／奉る《四[体]》《補》／こそ《係助》／賢かり《ク[用]》／き《過去[体]》。鯨《名》／よる《四[体]》／浜《名》／に《格助》／生立ち《四[用]》／し《過去[体]》／身《名》／の《格助》《主格》、／かく《副》／喜しき《シキ[体]》／こと《名》／いつ《代名》／かは《係助》《反語》／聞ゆ《下二[終]》／べき《可能[体]》。

「鯨よる浜に生立ちし身」とは、海に面した和歌山出身の豊雄自身であり、「都人の貴なる御方」とは真女子のことである。こんな田舎者である私があなたのような優雅で高貴な女性に出逢うような喜ばしいことは今後ないだろうと言っているのである。よって、正解は③。

問3（答 ⑤ むかしくすりあきなふ人の医者かねたるが、世におほくありけり。）

金銀《名》／を《格助》／飾り《四[用]》／たる《存続[体]》／太刀《名》／の《格助》《同格》／あやしき《シク[体]》／まで《副助》／鍛う《下二[用]》《ウ音便》／たる《完了[体]》／古代《名》／の《格助》／物《名》／なり《断定[用]》／ける《過去[体]》。

格助詞「の」には連体修飾用法（〜の）・主格用法（〜が）・同格用法（〜で）・準体言用法（〜のもの）・比喩用法（〜の

ような）という五つの用法があるが、⑶では同格用法が使われている。「金銀を飾りたる太刀」と「あやしきまで鍛うたる古代の物」が同じものを指していることから同格用法であると判断すること。通常の同格用法の場合、後に連体形が続いてその連体形の後に名詞を補い、「〜で」と訳すが、以下の①〜④の用例では名詞を補足する連体形が見当たらない。だが、⑤の「の」は「むかしくすりあきなふ人」と「医者」が同一人物であることを表していることから、⑶と同じ表現だと分かる。正解は⑤。

①＝×…人の心の秋にはあらずとも、菊の色こきはけふのみかは。→連体修飾用法及び主格用法である。

②＝×…万葉集に入らぬ古き歌、みづからのをも奉らしめ給はむ。→準体言用法である。

③＝×…秋の田のかりほの庵の苫をあらみ我が衣手は露にぬれつつ→連体修飾用法である。

④＝×…ひだりまへなる人の何事にこころまどひしては、竈をつきかへ、→主格用法である。

⑤＝○…むかしくすりあきなふ人の医者かねたる（人）が、世におほくありけり。→同格用法である。

問4

㈠（答）⒜めのと　⒝あて）

⒜の「乳母」は「めのと」と読む。母の代わりに子に乳を飲ませる女であり、実の父母が他界した場合、後見人になったりもする。⒝は「あて」と読む。名詞「貴宮《あてみや》」、「高貴だ・上品だ」の意のナリ活用の形容動詞「貴《あて》なり」のような用例がある。

㈡（答）(イ)決して浮ついた言葉とお聞きにならないで下さい。

(ロ)もしけがれたものと見捨てなさらないならば、

(ハ)断るのは縁起が悪いからと思って、）

傍線部(イ)の品詞分解は次の通り。

努（副）／徒なる（ナリ〔体〕）／言（名）／に（格助）／な（副）／聞き（四〔用〕）／給ひ（四〔用〕《補》）／そ（終助）。

「ゆめ【努】」は禁止表現「な…そ」と呼応し、「決して…するな」と訳す重要表現。「徒なる」は「浮気だ・かりそめだ・いいかげんだ・むだだ」などと訳すナリ活用の形容動詞「あだなり【徒なり】」の連体形。この場合は「浮ついた」が最適。「言」は言葉。「給ひ」は「お…になる・…なさる」の意の尊敬の補助動詞。これらの語彙をすべて解釈に生かすこと。

よって、正解は「決して浮ついた言葉とお聞きにななならないで下さい。」のようになる。

禁止表現（まじ・べからず・なかれ・ざれ・な）と呼応する副詞には「ゆめ（ゆめ）」「（あひ）かまへて」「（あな）かしこ」「な（…そ）」などがある。「ゆめ」という副詞は(イ)のように「努・勤」と表記される場合もあるので覚えておくこと。

傍線部(ロ)の品詞分解は次の通り。

汚き（ク〔体〕）／物（名）／に（格助）／捨て（下二〔用〕）／給は（四〔未〕《補》）／ず（打消〔用〕）／ば（係助）、

「汚き物」とは真女子が自らの身を卑下して言ったもの。「捨て」の主体は豊雄。「給は」は「お…になる・…なさる」の意の尊敬の補助動詞。ここに見られる「ずば」の「ず」は打消の助動詞「ず」の連用形であり、これに係助詞「は」が続き、「ずは」となり、「は」が濁音化し「ずば」となったものである。接続助詞「ば」が活用語の未然形に接続した場合と同じく、「もし…ならば」と順接の仮定条件の用法になる。

これらの条件をすべて活用すると、正解は「もしけがれたものと見捨てなさらないならば、」のようになる。

傍線部(ハ)の品詞分解は次の通り。

物（名）／の（格助）／はじめ（名）／に（格助）／辞み（上二〔用〕）／な（完了〔未〕）／ん（推量〔体〕）／は（係助）／祥（名）／
あしけれ（シク〔用〕）／ば（接助《原因》）／と（格助）／て、

「物のはじめ」というのは豊雄と真女子との交際のはじまりの意。「辞み」は「拒否する・断る」の意のマ行上二段活用動詞「いなむ【否む・辞む】」の連用形。「なん」は、完了（強意）の助動詞「ぬ」の未然形「な」と推量の助動詞「む（ん）」の連体形が続いている。このような場合の「ん」の意味は婉曲か仮定となる。「さが【祥】」は「きざし・兆候」などと訳す名詞。「あしけれ」は「悪い・良くない」と訳すシク活用の形容詞「あし【悪し】」の已然形。「ば」は「…ので」と訳す接続助詞「ば」の原因理由の用法。引用の格助詞「と」と接続助詞「て」の間には「と（思ひ）て」のような言葉を補足して解釈すること。「祥あし」の解釈が難しいが、祥は「兆し・前兆」などと訳すため、「悪い兆し・具合が悪い」とのように訳すとよい。正解は「断るのは縁起が悪いからと思って、」くらいになる。

13

㈢（答　**孝をも身をも忘れて　おのが世ならぬ身**）

親の許可を得ていないので外泊を断った豊雄の言葉と全く反する言葉を抜き出して答える問題。

豊雄の会話「はじめより……身をも忘れて」の中に、真女子のためならば親や自分自身がどうなってもかまわないという「孔子さへ倒るる恋の山には、孝をも身をも忘れて」の箇所が該当する。十字以内であるからその箇所から抜き出すと「**孝をも身をも忘れて**」となる。

次に、豊雄の考えが揺れる原因を示す箇所を抜き出すと、豊雄は真女子の言葉を聞き非常に嬉しく思いながらも、前書きに見られるように家業を怠っている我が身の愚かさのために真女子と夫婦の契りを結ぶ決断ができないでいる。この意の「おのが世ならぬ身を顧みれば」の箇所を抜き出すこと。八字以内という指定があるため、「**おのが世ならぬ身**」が正解。

問5（答　**春雨物語**　など）

江戸の後期の読本作家であり、国学者でもある上田秋成が雨月物語の他に書いた有名な作品は歴史小説の『**春雨物語**』、随筆の『**胆大小心録**《たんだいしょうしんろく》』、「伊勢物語」のパロディとして知られる小説『**癇癖談**《くせものがたり》』、歌文集の『**藤簍冊子**《つづらぶみ》』などがある。

作品紹介

『雨月物語』（上田秋成／江戸時代）

〜真のライバル　秋成と宣長〜

『雨月物語』は安永五年（一七七六年）に刊行された読本です。中国の怪奇小説の翻訳や日本の説話類を典拠とし、怪異小説の第一とされる名作になります。作者は江戸の後期の読本作家でもあり、国学者でもある上田秋成。五巻・九編。その内訳は以下の通りです。

第一巻（白峰《しらみね》・菊花の約《ちぎり》）・第二巻（浅茅《あさじ》が宿・夢応《むおう》の鯉《り》魚《ぎょ》）・第三巻（仏法僧《ぶっぽうそう》・吉備津《きびつ》の釜《かま》）・第四巻（蛇性《じゃせい》の婬《いん》）・第五巻（青頭巾《あおずきん》・貧福論《ひんぷくろん》）。

今回は第四巻「蛇性の婬」からの出題。大雨の日に出逢った蛇の妖怪の化身である真女子という美女に付きまとわれる恐怖を描いた怪奇小説でした。

秋成はもともと生活のために医者をやっていましたが、自分の誤診で娘の命を奪ってしまったと絶望し、廃業してしまいます。生活は困窮し、一時は全盲状態に陥ってしまいましたが意欲的に名作を執筆し続け、秋成が四二歳の時に発表したのが怪奇物語集である『雨月物語』でした。ボクはこの中では「浅茅が宿」が大好きです。妻が亡霊と化して愛しい夫をあばら家で待っているというお話です。しみじみと切ない気持ちになりますよ。

ちなみに上田秋成と本居宣長とは同じ江戸時代中期の文学者で医師でもある人物ですが、この二人はまったく異なる思想や価値観の持ち主であり、つねに論争を交わす相手でした。ですが、宣長が亡くなると秋成は「この人がいなくては、火が消えてしまったようだ」と言って非常に寂しがったそうです。宣長を批判し、論争をし続けた秋成でしたが、彼のことを最も認めていた人物でもあったのですね。人生においてこんなライバルに出会うことができる人は非常に稀だと思います。良きライバルを持つことが、当人の飛躍的な成長につながるということでしょうか。『古文レベル別問題集④』の第9回では本居宣長について書いています。ぜひご覧ください。

第14回

解説
EXPLANATION

物語『源氏物語』―桐壺―

❶ 読解のポイント

亡き桐壺更衣の生母である母君、帝の使いとしてやってきた靫負命婦《ゆげいのみょうぶ》、幼い若君である光源氏。それぞれの立場や境遇を配慮しながら読解しましょう。「命長さの……かたじけなくなむ」「くれまどふ……心の闇になむ」は、双方とも母君の会話文です。そこに見られる、娘を亡くしたやるせない母の心情を察知しましょう。その箇所にある謙譲語や心情を表す語の主体は母君自身（私）で、尊敬語の主体は帝（あの方）もしくは靫負命婦（あなた）となります。

〈あらすじ〉　光源氏は出産後に他界した母桐壺更衣の実家で祖母とともに暮らしていた。桐壺帝は亡き妻の母である祖母に靫負命婦という使者を送る。祖母は命婦に、すぐに参内することができそうもないという旨を告げ、無理に宮仕えをさせたために心労がたたって亡くなった娘に対する不憫さ、娘に先立たれたつらさを語るのであった。

❷ 登場人物

A **若宮**…BとCの間に生まれた皇子（光源氏）。Bの亡き後、実家のDの所にいる。

B **桐壺更衣**…Aの実母。Cの妻として宮仕えしていたが、周りからの嫌がらせのため、心労が募り亡くなった。

C **桐壺帝**…Bの夫。Aの実父。Bを亡くした悲しみにふけていた。更衣の実家の様子をうかがうためにEを派遣した。

D **故大納言の妻**…Bの実母でありAの祖母。Bに死なれ、CからAとともに参内するように言われても同意できないでいる。故大納言の遺志にしたがってBに宮仕えさせたことを後悔している。

E **靫負命婦**…CがDのもとに派遣した使者。

語数
317語
得点
/50点
問題頁
P.62
古文音声

❸ 全文解釈

（重要語／助動詞／接続助詞／尊敬語／謙譲語／丁寧語）

1

「命長さの、いとつらう思ひたまへ知らるるに、松の思はむことだに、恥かしう思ひたまへはべれば、ももしきに行きかひはべらむことは、まして、いと憚り多くなむ。かしこき仰せ言を、たびたびうけたまはりながら、みづからは(1)えなむ思ひたまへたつまじき。若宮は、（いかに思ほし知るにか）、参りたまはむことをのみなむ、(イ)思し急ぐめれば、ことわりに、(2)悲しう見たてまつりはべるなど、うちうちに、思ひたまふるさまを奏したまへ。ゆゆしき身にはべれば、かくておはしますも、(3)いまいましう、かたじけなくなむ」とのたまふ。

（DがEに）「（自らの）命の長さが、たいそうつらく思い知られますのに、高砂の松が（おまえも長く生きているなと）思うようなことさえ、恥ずかしいように思っておりますので、宮中に出入りしますようなことは、なおさら、とても遠慮されてしまいます。恐れ多い帝様のお言葉を、何度もお聞きしながら、私自身はとても（参内することを）決意する気になれそうにもありません。若宮は、どうお思いになっているのでしょうか、参内なさるようなことばかり、急いでいらっしゃるようですので、最もなことだと、悲しく拝見しております」などと、内々に、（Cに私が）思っていますことを申し上げなさってください。（私はBを亡くした）不吉な身でありますので、このようにしていらっしゃるのも、縁起が悪く不吉で、恐れ多いことでございます」とおっしゃる。

2

宮は大殿籠りにけり。「見たてまつりて、くはしう御ありさまも奏しはべら

若宮はお休みになってしまった。（Eは）「（Aを）拝見して、詳しくご様子を（Cに）申し上げたいと

単語・文法・解説

かしこし【畏し・賢し】 形ク
①恐れ多い　②すぐれている

そうす【奏す】 動サ変
①（もと）天皇に申し上げる
②音楽を奏する

ゆゆし【忌々し】 形シク
①不吉だ
②恐ろしい　③すばらしい

❶…助動詞の中で婉曲の用法を有する「む・けむ・らむ・めり」の四語のうち、「む・けむ・らむ・めり」は本文の以下の例の「こと」のように体言が続く用法。「めり」は体言を伴わなくても婉曲の意になる。

❷…敬語の「給ふ」には、尊敬の意になる四段活用の用法と、謙譲の意となる下二段の用法がある。本文の以下の例の「たまふる」は謙譲の補助動詞の用法であり、「たまへ」は尊敬の補助動詞の用法である。

まほしきを、(ロ)待ちおはしますらむに。夜更けはべりぬ❸べし」とて急ぐ。

思いましたが、(Cが)お待ちになっていらっしゃるでしょう。きっと夜も更けてしまうでしょう」と言って帰りを急ぐ。

「くれまどふ心の闇もたへがたき片はしをだに❹、晴るくばかりに聞こえ

(DはEに)「(娘を失い)途方に暮れるという親の心の闇に耐え難い一端だけでも、晴らそうとばかりに(Eに)お話し申

まほしうはべるを、(4)私にも心のどかにまかでたまへ。年ごろ、うれしく

し上げたいと思いますので、(帝の使者ではなく)私事としてゆっくりとお出かけください。何年もの間、嬉しく

面だたしきついでにて、(ハ)立ち寄りたまひしものを、かかる御消息にて見

晴れがましい機会として、(あなたがここに)立ち寄りなさったものなのに、このような便りの使者として

たてまつる、かへすがへすつれなき命にもはべるかな。(5)生まれし時より思ふ

拝見するのが、返す返すも思うままにならない命というものですねえ。(Bは)生まれたときから(親が宮仕えをさ

心ありし人にて、故大納言、いまはとなるまで、ただ、『この人の宮仕への

せようと)思った人であって、亡き父の大納言が、臨終になるときまで、ただ、『この娘の宮仕えのもともとから

本意、かならず遂げさせたてまつれ。我亡くなりぬとて、口惜しう(6)思ひくづほ

の意志を、必ず遂げさせ申し上げよ。私が亡くなったからといって、残念にも意気がくじけてはいけ

るな』と、かへすがへす諫めおか(a)れはべりしかば、はかばかしう後見思ふ人も

ない』と、何度も言い聞かせておられましたので、しっかりと後見しようという後ろ盾のない

なき交らひは、(7)なかなかなるべきことと思ひたまへながら、ただかの遺言を

宮仕えは、むしろしない方がましだとは思いますが、ひたすら亡き夫の遺言に

□のどかなり【長閑なり】形動ナリ
①おだやかだ ②ゆっくりと

□★おもだたし【面立たし】形シク
①名誉である・光栄に思う

□★★せう《ショ》そこ【消息】名
①手紙・便り ②訪問

□★★つれなし【連れ無し】形ク
①薄情だ・冷淡だ
②平気な様子だ
③思うままにならない

□★★★ほい【本意】名
①もともとからの(出家の)意志

□くづほる【頽る】動ラ下二
①衰える ②意気がくじける

□★★★はかばかし【果果し】形シク
①しっかりしている
②はっきりしている

□なかなかなり【中々なり】形動ナリ
①かえって・むしろ
②なまじっかだ・中途半端だ

❸…完了の助動詞「つ・ぬ」に推量の助動詞「べし・む」が続いた形の「ぬ」は強意用法である。

違へじとばかりに、出だしたてはべりしを、身にあまるまでの御心ざしの、

そむくまいとばかりに、（宮仕えに）出立させましたが、身に余るまでの帝のご**寵愛**は、

よろづにかたじけなきに、(8)人げなき恥を隠しつつ、交らひたまふめりつる

さまざまに恐れ多いことでしたが、（Bは）**一人前の扱い**をされない恥を隠しながら、交際なさっていたよう

を、人のそねみ深くつもり、安からぬこと多くなり添ひはべりつるに、

ですが、人の嫉妬が深く重なり、穏やかでないことがますます多くなりまして、

よこさまなるやうにて、遂にかくなりはべりぬれば、かへりてはつらく

尋常ではないような様子で、とうとうこんなふうになってしまいましたので、かえって**恨めしい**と、

なむ、かしこき御心ざしを思ひたまへ(b)られはべる。これも(9)わりなき心の闇

恐れ多い（Cの）ご**寵愛**のことを思ってしまいます。このように思うのも**道理に合わない**親の

になむ」と言ひもやらず、むせかへりたまふほどに、夜も更けぬ。

心の闇と申しますことで」と言うや否や、涙にむせかえりなさっているうちに、夜も更けてしまった。

□★★**たがふ《ウ》【違ふ】** 動八四／八下二
①違う・間違える ②そむく

□**こころざし【志】** 名
①愛情 ②誠意 ③贈り物

□**ひとげなし【人気無し】** 形ク
①人並みでない

□★★**つらし【辛し】** 形ク
①薄情だ
②耐え難い・恨めしい

□★**わりなし【理無し】** 形ク
①道理に合わない
②つらい・苦しい

❹…副助詞「だに」の後に願望・仮定・命令・意志の用法が続くと、希望の最小の用法になる。

◆4 解答・解説

問1（答 晴れがましい）

「面だたしき」は「名誉である・光栄に思う」と訳すシク活用の形容詞「おもだたし【面立たし】」の連体形。「光栄な〔三文字〕」でも構わないが、できるだけ文字数を七文字に近づけること。「光栄な」の類義語として「晴れがましい〔六文字〕」を正解とする。

問2（答 ③ とても参内を決意する気になれそうにもありません）

え〔副〕／なむ〔係助〕／思ひ〔四用〕／たまへ〔下二用〈補〉〕／たつ〔四終〕／まじき〔不可能体〕。

「え…まじき」は「…できそうにもない」と訳す不可能の表現。「たまへ」は「…です…ます」と訳すハ行下二段活用動詞の謙譲語「たまふ【給ふ】」の連用形。尊敬の意である四段活用動詞の「たまふ」と判断しないようにすること。下二段の「たまふ」が「思ひ・覚え・見・聞き・知り」の五つの動詞に接続することに着目して識別できるように。「思ひたつ」全体で「決心する」の意。

前文に「ももしきに行きかひはべらむことは、ましていと憚り多くなむ。」とあるのがヒント。帝の仰せに従って宮中に参ることができそうにもないと、亡き更衣の母が命婦に告げている箇所である。正解は③。

問3（答 ④ 若宮が宮中に行くと、別れることになるから。）

参内することができそうにもないと思う自分（更衣の母）とは異なり、若宮（光源氏）は一刻もはやく参内したいと言っているというのが前文の内容。となれば必然的に亡き更衣の母と光源氏は離れ離れになってしまわなければならなくなる。それが悲しいと更衣の母は靫負命婦に嘆いているのである。正解は④。前文の理解がポイントになる。

問4（答 ① 縁起でもないさま）

「いまいましう」は「不吉だ」の意のシク活用の形容詞「いまいまし【忌々し】」の連用形「いまいましく」がウ音便化したもの。正解は①。亡き更衣の母は、娘を亡くした自分のもとに靫負命婦が来ることを、死者のけがれに触れる不吉で縁起でもない行為だと告げているのである。

問5（答⑤帝の使者ではなくゆっくりとお出かけください）

私[名]／に[格助]／も[係助]／心[名]／のどかに[ナリ用]／まかで[下二用]／たまへ[四命〈補〉]。

この箇所は亡き更衣の母が、帝の使者である靫負命婦に話している会話文の中にある。ここでの「私」とは、一人称ではなく公事を指す「公《おほやけ》」の対義語。今でも「公私混同」もしくは「私事」のように使用される表現である。亡き更衣の母は以前から交流のある靫負命婦に対して、「こうして公務でここにいらっしゃるのではなくて私事でやってきてください」と言っているのである。正解は⑤。

問6（答 宮仕へ）

生まれ[下二用]／し[過去体]／時[名]／より[格助]／思ふ[四体]／心[名]／あり[ラ変用]／
し[過去体]／人[名]／に[断定用]／て、

亡き更衣の母が生前の更衣のことを靫負命婦に語っている箇所であるから、ここでの「人」とは亡くなった更衣であると判断すること。亡くなった更衣は生れてからずっと揺るぎない意志を持った人物であったという意味。この「思ふ心」は後文の「この人の宮仕への本意」を指す。三文字以内で答えるわけであるから、正解は「宮仕へ」になる。亡き更衣は自分が宮仕えし、帝に寵愛されることが一族の繁栄につながると考えていたのである。

問7（答⑤志を捨ててはいけない）

「この人の……思ひくづほるな」は亡き更衣の父が臨終の際に更衣の母に残した遺言である。「くづほる【頽る】」は「衰える／意気がくじける」と訳すラ行下二段活用動詞の終止形。更衣の父は母に対して宮仕えを望む更衣の気持ちを汲んで挫折することなく必ず実現させるようにしてくれと言い残していたのである。正解は⑤。

問8（答②むしろしない方がましに違いないこと）

「なかなかなる」は「かえって・むしろ／なまじっかだ」の意のナリ活用の形容動詞「なかなかなり【中々なり】」の連体形。直前に「はかばかしう後見思ふ人もなき交らひは、」とあるから、亡き更衣の母が、しかるべき後見人のない人の宮仕えはむしろ本人にとって具合の悪いことになるはずだと更衣のことを心配している箇所。正解は②。

問9（答②　一人前の扱いをされない）
「人げなき」は「人並みでない」の意のク活用の形容詞「ひとげなし【人気無し】」の連体形。後ろ盾のない更衣が宮仕えをしたとしても一人前には扱われないにちがいないのではないかという母の不安があらわれた箇所。正解は②。

問10（答④　理性を失ったさま）
「わりなき」は「道理に合わない／つらい」の意のク活用の形容詞「わりなし【理無し】」の連体形である。「心の闇」の（注）に「亡き娘を思う親の心の闇をいう」とあることから、娘のことを思うばかりに冷静な判断ができかねている母の困惑を表した言葉であると考えること。正解は④。

問11（答(イ)③　光源氏（若宮）　(ロ)①　桐壺帝　(ハ)⑥　靫負命婦　(ニ)②　桐壺更衣）
(イ)の「思し急ぐめれば」は若宮が宮中に早く行きたいと願っている様子。
(ロ)の「待ちおはしますらむ」は、故大納言の妻のもとへ訪問した結果報告を待っている様子。
(ハ)の「立ち寄りたまひしものを」は、帝の使いとして靫負命婦が故大納言の妻の邸に立ち寄ったという出来事。
(ニ)の「交らひたまふめりつる」は、桐壺更衣が他の女性たちに交じって宮仕えをする様子を描いている。

問12（答(a)④　尊敬　(b)①　自発）
(a)の主体は亡き更衣の父上になるから、「れ」は尊敬の意。「れ」が亡き更衣の母の会話文の中にあるから、更衣の母から更衣の父に対する敬意を表している。
(b)の主体は亡き更衣の母自身（私）であることから自発の意ととること。

問13（答(ロ)　蜻蛉日記　(ニ)　大和物語）
『源氏物語』よりも前の時期に成立した作品は(ロ)と(ニ)が正解になる。巻末の文学史一覧をしっかりとチェックしておいてほしい（☞148頁）。

作品紹介

『源氏物語』（紫式部／平安時代）

〜彼女を死に至らしめたもの？〜

学校の授業などで『源氏物語』に最初に接する箇所が今回の「桐壺」の巻であると思います。「いづれの御時にか、女御・更衣あまたさぶらひける中に…」から始まるあの冒頭ですね。帝のたくさんの奥さんの中で寵愛を独占した人（桐壺更衣）がいて、その人の家の格が低かったため、皆から嫉妬されたあげくいじめられてしまったという内容です。ここだけを読むと、更衣をいじめた中核である弘徽殿女御《こきでんのにょうご》、その父である右大臣に対してひたすら嫌悪感を抱いてしまいます。しかし、いじめられる方といじめる方という単純な関係だけでは済まされない理由があります。その理由を知ることによってより深く原典を理解することができると思います。

　当時はそれぞれの貴族が権勢を競い合っていました。例えば大臣家の長男なら、代々引き継いだ大臣という位を世襲するために高貴な父を持つ女性を妻に迎えようとしたのです。帝であってもそれは同じ。高貴な女性を妻に迎えるというのは、その女性の父とのつながりを深め、忠誠を誓わせ、帝自らの治世を盤石にするための有効な手段であったのです。したがって、帝を頂点とする権門との結婚は女性にとって一種の代理戦争であったと言うことができると思います。つまり、当時の女性の魅力とは美貌や教養だけでなく、親の地位も絶対的な魅力となるわけです。

　父が右大臣という圧倒的なオプションを持つ自分に見向きもせず、身分の低い更衣ばかりを帝が寵愛する。このような帝の態度が、弘徽殿女御に女として更衣に大きく引けをとったと痛感させるとともに、右大臣という家柄そのものを軽視されたように感じさせたのです。彼女の気持ちが陰湿ないじめにつながったのはこのような背景があったと考えられます。決して彼女の行為を肯定するわけではありませんが、単純に彼女や彼女の父を悪役にして桐壺更衣を犠牲者と考えるのはいかがなものでしょうか。このことは貴族社会の仕組みが招いた一種の悲劇であると捉えてほしいです。「『源氏物語』はけっして勧善懲悪ではない」と国学者の本居宣長も言及していますし。

14

第15回

解説 EXPLANATION

物語『源氏物語』―少女―

語数
328語
得点
/50点
問題頁
P.67
古文音声

❶ 読解のポイント

登場人物のそれぞれの立場や考え方を整理・判別しながら読解すること。内大臣に交際を反対されて自由に逢うこともできない夕霧と雲居雁のお互いやるせない思いをしみじみと綴った「くれないの…」「いろいろに…」の二首の歌にみられる「くれないの涙にふかき袖」と「染めけむ中の衣」が何を喩えているかを理解すること。

地の文においてA・B・C・D・Gには尊敬語が使用されているが、E・Fにはされていないことに気づくこと。

〈あらすじ〉　夕霧と雲居雁の仲を快く思わない父の大納言。逢うこともままならない二人。そんな最中、雲居雁に逢うために夕霧が忍んで大宮邸を訪れる。乳母が内緒で二人を会わせる。久しぶりに再会し感無量の二人。そのとき父の大納言が帰宅する。やるせない思いで歌を詠み合あった後、帰途につく夕霧であった。

❷ 登場人物

A 冠者の君…光源氏の子息の夕霧のこと。幼馴染のBと相思相愛の関係であるが、Dに反対され苦悩している。

B 雲居雁…Dの娘。Aと恋仲になっているが、Dに反対され、自由に逢えないでいる。

C 宮…Dの母親。Bの祖母。AとBが苦悩するのを気の毒に思い、うまくいくように願っている。

D 大臣・殿…Bの父。Aの亡き母である葵の上は実妹。Aの父である光源氏と敵対している最中なので、AとBを遠ざけようとする。

E Aの乳母…AとBが苦悩しているのを気の毒に思っている。Cと相談して二人を内緒で逢わせる。

F Bの乳母…AとBの交際には否定的である。二人の密会を不快に思っている。

G 大納言殿…Bの義理の父。Bの実母はDと別れた後、Gと結婚した。

3 全文解釈

（重要語／助動詞／接続助詞／尊敬語／謙譲語／丁寧語）

1

A 冠者の君、物のうしろに入りゐて見たまふに、(1)人の咎めむも、よろしき時こそ❶苦しかりけれ、いと心細くて、涙おし拭ひつつおはするけしきを、（夕霧の）E 御乳母いと心苦しう見て、C 宮にとかく聞こえたばかりて、夕まぐれの人のまよひに対面せさせたまへり。

冠者の君が、物陰に入って（Bを）ご覧になると、人に怪しまれるようなのも、（状況が）まずまずなときは苦しいだけであったが、たいそう心細くて、涙をぬぐっていらっしゃる様子を、（夕霧の）乳母はたいそう気の毒がって見て、大宮にあれこれとご相談申し上げて、夕暮れの人の出入りに紛れて（AとBを）対面させなさった。

2

P かたみにもの恥づかしく胸つぶれて、ものも言はで泣きたまふ。「D 大臣の御心のいとつらければ、さはれ、思ひやみなんと思へど、恋しうおはせむこそわりなかるべけれ。Q などて、すこし隙ありぬべかりつる日ごろ、よそに隔てつらむ」とのたまふさまも、いと若うあはれげなれば、「まろも、さこそは

（AとBは）お互いに恥ずかしがって胸をときめかせなさって、何も言わず泣きなさる。（AがBに）「父の大臣のお気持ちがたいそう薄情なので、もうどうにでもなれ、もう諦めてしまおうと思うが、愛しい存在でいらっしゃるあなた様が恋しくてたまらないでいるでしょう。どうして、もっと逢う機会を持つことができるようなときに、離れてしまっていたのだろうか」とおっしゃる様子も、たいそう若々しく気の毒な様子なので、（Bは）「私も、そう思います」

単語・文法・解説

□とがむ【咎む】動マ下二
①非難する ②怪しむ ③問いただす

★★★□よろし【宜し】形シク
①まずまずだ ②ふさわしい

★★□くるし【苦し】形シク
①差し障りがある ②苦しい

★★★□こころぐるし【心苦し】形シク
①気の毒だ ②つらい

★★★□かたみに【互に】副
①お互いに・交互に

★★□つらし【辛し】形ク
①薄情だ ②耐え難い

★★□さは《わ》れ【然はれ】感
①ええい、どうにでもなれ

❶…「こそ」は文末を已然形にする強意の係助詞だが、「こそ…已然形、」だと逆接の意となる。また、「もぞ…」「もこそ…」の形だと「…したら困る。…したら大変だ」と解釈すること。ほか、「人名＋こそ」の形で「…よ」と呼びかけをする場合に用いることがある。

「あらめ」と(イ)のたまふ。「恋しとは思しなんや」と(ウ)のたまへば、すこしうなづき

とおっしゃる。（Aが）「恋しいとお思いになってくれるのですか」とおっしゃると、（Bが）少しうなずきなさ

たまふさまも幼げなり。

る様子も幼げである。

御殿油❷まゐり、D殿まかでたまふけはひ、こちたく追ひののしる御前駆の声に、人々、

明かりをおつけになり、殿がご帰宅なさる様子（がして）、**大げさに大声で騒いで**先払いする声に、人々は、

「そそや」など怖ぢ騒げば、「いと恐ろし」と思して、わななきたまふ。「さも(2)騒が

「父の大臣のお帰りか」など恐れ騒ぐので、（Bは）とても恐ろしいとお思いになって震えていらっしゃる。（Aは）そうも騒が

れば」と、ひたぶる心に、ゆるしきこえ(エ)たまはず。（雲居雁の）F御乳母参りて

れるなら、それはそれでかまいはしないと、ひたすら一途な心で、（Bが離れるのを）許しなさらない。（Bの）乳母が参って

もとめたてまつるに、気色を見て、「あな心づきなや。げに、(3)C宮知らせたまはぬ

（Bを）探し申し上げて、その様子を見て、「ああ、**気にくわない**ことよ。なるほど、大宮はご存じないことでは

ことにはあらざりけり」と思ふに、いとつらく、「いでや、うかりける世かな。D殿

ないことなのになあ」と思うと実につらくて、（Fが）「いやはや、**つらい**様子であることよ。父

の思しのたまふことはさらにも聞こえず、G大納言殿にもいかに聞かせたまは

の大臣が（不愉快に）お思いおっしゃることは申し上げるまでもなく、大納言殿もどのようにお聞きなさるだろう。

ん。めでたくとも、(4)もののはじめの六位宿世よ」とつぶやくもほの聞こゆ。ただ

すばらしい方であっても、初婚の相手が六位程度の身分の者であるとは」と呟くのもかすかに聞こえる。ちょうど

□**こちたし**【事痛し・言痛し】形ク ①わずらわしい ②うるさい ③大げさだ

□**ののしる**【罵る】動ラ四 ①大声で騒ぐ ②評判になる

□**こころづきなし**【心付き無し】形ク ①気にくわない

□**うし**【憂し】形ク ①つらい ②嫌だ ③冷たい

□**めでたし**【愛でたし】形ク ①すばらしい

❷…「参る」は「差し上げる・参上する」という謙譲の用法だが、この場合は奉仕を受ける側が主語となって尊敬語に転じたものである。

この屏風のうしろに尋ね来て嘆くなりけり。男君A、「我をば位なしとてはしたなむるなりけり❸」と思すに、世の中恨めしければ、あはれもすこしさむる心地して めざまし。「かれ聞きたまへ、

この屏風の真後ろに近寄ってきて嘆くのであった。男君は、「(Fが)私のことを位階が低いと言って侮辱しているのだなあ」とお思いになると、世の中が恨めしく、愛情も少しさめるような気がして**気にくわない**。(AがBに)「あの言葉を聞きなさい、

(5) くれなゐの涙にふかき袖の色をあさみどりとや言ひしをるべき

(あまりの情けなさに)血の涙がにじむ私の袖の色を、(六位のものが着る)浅緑色だと言って馬鹿にしてよいものだろうか。

恥づかし」とのたまへば、

恥ずかしい」とおっしゃると、

(6) いろいろに身のうきほどの知らるるはいかに染めける中の衣ぞ

いろいろとこの身のつらさを思い知らされるのはどれほどの仲なのでしょう。

とものたまひはてぬに、殿D入りたまへば、わりなくて渡りたまひぬ。

と(BがAに)**最後まで**おっしゃらない前に、殿が入っていらっしゃったので、(Bは)**どうしようもなく**てお移りになった。

□**めざまし**【目覚まし】形シク
①興ざめだ・気にくわない
②思いのほか立派だ

□**はつ**【果つ】動タ下二
①完全に…する・…し終える
②終わる・死ぬ

□**わりなし**【理無し】形ク
①道理に合わない
②つらい・苦しい
③どうしようもない

❸…過去の助動詞「けり」には「…だなあ」と訳す詠嘆(気づき)の用法がある。

❹ 解答・解説

問1（答 ⓒ 人に見咎められてつらいと思うのは雲居雁と逢うあてのある普通の時の話で、もう逢えないとなると心細くてたまらないということ。）

人《名》／の《格助》／咎め《下二[未]》／む《婉曲[体]》／も、《係助》／よろしき《シク[体]》／時《名》／こそ《係助》／苦しかり《シク[用]》／けれ、《過去[已]》／いと《副》／心細く《ク[用]》／て、⬇

「人の咎めむ」というのは二人の関係を疑わしく思う周囲の視線のこと。「よろしき」は「まずまずだ／ふさわしい」の意のシク活用の形容詞「よろし【宜し】」の連体形。「こそ…已然形、」は「…だが、…よいが、」などと訳す逆接用法。「苦しかり」は「差しさわりがある／苦しい」と訳すシク活用の形容詞「くるし【苦し】」の連用形。

「よろし」の良くもなく悪くもないというニュアンスから考えて、ⓐとⓑは異なる。ⓓも意味が通らない。人に見咎められていても何とか雲居雁に逢えるうちはそれなりにつらいというだけだったが、これほど逢えないとなると心細くてたまらないという内容からⓒを正解とする。

問2（答 ⓑ おたがいに）

「かたみに【互に】」は「お互いに…」の意の副詞。「名残・思い出（の品）」の意の「かたみ【形見】」と区別して考えること。正解はⓑ。「かたみにもの恥づかしく胸つぶれて、ものも言はで泣きたまふ。」の「泣きたまふ」の主体は夕霧と雲居雁の両者である。

問3（答 ㋐ⓑ雲居雁 ㋑ⓑ雲居雁 ㋒ⓐ夕霧 ㋓ⓐ夕霧）

㋐「おはせ」は「…いらっしゃる」と訳す尊敬語。私にとって雲居雁がひたすら恋しいお方でいらっしゃるという夕霧の言葉であると判断すると、敬意の対象はⓑ。

㋑「のたまふ」は夕霧の言葉「大臣の……つらむ」に対して雲居雁が「まろも……あらめ」と答えなさったという繋がりから、㋐同様、敬意の対象はⓑ。

㋒「のたまふ」は雲居雁に対して、夕霧が「恋しとは思しなんや」とお尋ねになったと捉えると敬意の対象はⓐ。

㋓が含まれる「ひたぶる心にゆるしきこえたまはず」という一文は、父の存在に怯える雲居雁を自分のもとにひたすら引き留めて自分のもとから離れることを許さない夕霧の態度であると考える。敬意の対象はⓐ。

問4（答 ⓓ **逢う機会**）

「隙」は「隙間・絶え間」の意の名詞「ひま【隙】」。この箇所は逢えなくなってしまって改めて逢えないつらさを思い知ったという夕霧の気持ちが表れた箇所。ⓒとⓓで迷うが、「隙間」の意味に最も近い「機会」を含むⓓを正解にする。

問5（答 ⓑ **騒がれるなら、それはそれでかまいはしない。**）

さ（副）／も（係助）／騒が（四[未]）／れ（受身[未]）／ば（接助《仮定》）

「騒がば」はガ行四段活用動詞「騒ぐ」の未然形「騒が」、「れ」は受身の助動詞「る」の未然形、「ば」は「もし…したとしたら」と訳す接続助詞「ば」の仮定用法。ⓐⓒは「…ので」が不適切。**問3**でも触れたことであるが、ここは怯える雲居雁に対して、騒ぐのなら騒がれてもかまわないと開き直った夕霧の言葉であると捉えてⓑを正解とすること。

問6（答 ⓒ **大宮は二人の仲を知っていたということ。**）

父の大臣が帰宅したので乳母が雲居雁を探すと、夕霧と雲居雁が密会しているのを見つけた。そこで乳母は、二人が密会をしているのを大宮が気づいていないわけがないと判断した。これを父の大臣が気づけば、当人の二人が大声で叱咤されるだけでなく、自らの監督不行き届きにもなってしまう。そう考えた乳母の、二人を内緒で逢わせた大宮に対する不満げな心情があらわれた箇所である。正解はⓒ。

問7（答 ⓓ **雲居雁の結婚相手が六位という低い身分であることが許せない気持ち。**）

父の光源氏は夕霧に学問をさせるため、あえて大学寮に入学させていた。大学寮にいる間、官位の昇進は見送られるため、夕霧の昇進は遅れ六位にとどまっていた。「雲居雁の相手が六位ではね」と乳母は皮肉っぽく呟いたのである。正解はⓓ。

問8（答 ⓑ **「あさみどり」色は「くれなゐ」色にまさっていると詠んでいる。**）

この夕霧の詠んだ歌は、雲居雁の乳母に「六位宿世よ」と馬鹿にされたくやしさを嘆息して詠んだものである。ここに見られる「くれなゐの涙」とは悲しみや憤りの際に流れる悔し涙を表現したもの。「あさみどり」とは、問題編の（注）に見られるように、六位の人の着る上着の色を指している。

文脈から、「言ひしをる」の主体は雲居雁の乳母のことであると判断すること。私の袖の色はあなたに逢えない悲しみのために赤くなっているはずなのに、袖の色は身分の低い六位の者が着る浅緑の色だとけなされてよいものかと訴えているのである。よって、(注)の内容と相違するのはⓑである。

問9（答 ⓒ 「いろいろ」、「うき」、「染め」、「中の衣」は縁語である。）

いろいろ〔名〕／に〔格助〕／身〔名〕／の〔格助〕／うき〔ク[体]〕／ほど〔副助〕／の〔格助〕《主格》／知ら〔四[未]〕／るる〔自発[体]〕／は〔係助〕／いかに〔副〕／染め〔下二[用]〕／ける〔過去[体]〕／中〔名〕／の〔格助〕／衣〔名〕／ぞ〔係助〕

夕霧の詠んだ「くれなゐの」の歌を受けた雲居雁の返歌。夕霧が詠んだ歌の「袖の色」に対して雲居雁は「いろいろ(色々)・染め・衣」のような衣類に関連する縁語を用いて返歌した。「中」は「男女の仲」、「身のうき」は様々な妨げのためにつらいの意。我々二人の間につらいことが生じ、そのためにこれからどれくらい袖を赤色に染めたらよいのかと雲居雁は詠んだ。誤っているのはⓒ。「うき【憂き】」は衣類に関わる言葉とは判断できないので縁語とはみなさない。

問10（答 ㋩ 新古今和歌集　㋥ 千載和歌集）

『源氏物語』の成立以前の作品か、同じ時期か、それとも成立以降の作品か」というような問われ方をされることが多い。今回は『源氏物語』より後の時期に成立した勅撰和歌集を選ぶわけであるから、㋩と㋥が正解になる。巻末の文学史一覧を確認しておくこと（☞148頁）。

作品紹介

『源氏物語』
～ずっと一緒だから～
（紫式部／平安時代）

第14回に続いて、再び『源氏物語』からの出題でした。『源氏物語』に強い影響を与えたと言われているのが歌物語の名作である『伊勢物語』です。主人公である在原業平を光源氏のモデルとし、他の登場人物にもいろんな影響を与えているようです。今回の夕霧と雲居雁のお話もこの物語の影響下にあると考えられています。

『伊勢物語』の第二三段に「筒井筒」というお話があります。親の用意した縁談にまったく耳もかさない幼馴染の男女が、互いに意志を貫いてめでたく結婚するというお話なんです。「ずっと逢えない間に背丈は君を越して、ボクも大人になりましたよ」という男の歌に対して女は以下のような返歌をします。

くらべ来し　振分髪も　肩過ぎぬ　君ならずして　誰かあぐべき

【訳】（あなたと）お互いに競ってきた振分髪の長さも（今となっては）肩を過ぎるほどになりました。あなた以外の他の誰のためにこの髪を結いあげるでしょうか（それをするのはあなただけです）。

古代の女性は、年ごろ（12～14歳）に成長すると、左右に振り分けていた髪を結び上げる「髪上げ」という儀式をしました。あなただけのために髪上げをしたいというのは、手っ取り早く言えば、大人になったのだから早く私を妻に迎えてくださいということになります。

光源氏の息子である夕霧は亡き母である葵の上の実家で幼少期を過ごしました。そこには葵の上の実兄である頭中将の娘、雲居雁もいました。『伊勢物語』がそうであったように二人はお互いを異性として意識しながら大人になっていきます。ところが、光源氏との関係が悪化すると父の頭中将は強引に二人を引き離してしまいます。夕霧がやってくると雲居雁を部屋の奥に隠したりして妨害をしたりするんですね。自由に逢うことができない二人は逆境にもめげませんでした。その後晴れて二人は結婚、めでたく夫婦となるのです。

15

◆レベルアップおめでとう！

さて、「レベル⑤上級編」はこれでおしまいです。難問が多く頭を抱えることもあったと思いますが、最後までよく頑張りましたね。

レベル⑤では有名私大〜難関私大において過去に出題された良問を通じて、オールラウンドな実力の錬成をはかってまいりました。このレベルまで達すれば、今まで歯が立たなかった難関大の問題にも対処することができるでしょう。この後、志望校の過去問をどんどん解いてスキルをつけてください。

国公立大を受験する人、受験する大学に記述問題がある人、もっと問題を解いて演習を重ねたいという人は「レベル⑥最上級編」に進んでください。記述・論述問題を徹底させることで、古文の実力を至高の領域まで高めるというのもありだと思いますよ。難関私大でも記述問題を課す大学も増えてきましたし。

栄冠を勝ち取るために最後まで歩みを止めないようにしましょう。

【音声学習】全古文の朗読音声を再生 ▶▶▶

右の二次元コードを読み込むと、本書に収録された全古文（第1回〜第15回の問題文）の朗読音声が「全編通し」で再生できます。本書の復習や音読学習などにご活用ください。☞

巻末付録

重要事項のまとめ

❶ 基本読解マニュアル

【主語同一用法・主語転換用法】

① **主語同一用法**（＝⬇）…接続助詞[*1]「て・で」の前後の主語は**同じ**であることが多い[*2]という法則。

② **主語転換用法**（＝♻）…接続助詞「を・に・が・ど・ば」の前後では主語が**変わる**ことが多い[*2]という法則。

❖これらの用法を用いることで、省略された主語を補足しやすくなる。

例 かの人の入りにし方《かた》に入れば〈単接〉♻、塗籠《ぬりごめ》あり。そこにゐて⬇、もののたまへど〈逆接〉♻、をさをさ答《いら》へもせず。（宇津保物語）

▼（男が）あの女の入っていった方に入ると、塗籠（＝部屋）がある。（男は）そこに座って、（男が）何かおっしゃるが、（女は）ほとんど返事もしない。

主語Ⓐ …… 活用語 て、で、 …… （主語は同じ）→

主語Ⓐ …… 活用語 を、に、が、ど、ば、 | 主語Ⓑ …… （主語が変わる）→

※例外もあるので注意！

◆**補足説明**

＊1 接続助詞…文と文をつなぐ働きをする助詞。**格助詞**にも「を・に・が」があるので、明確に区別すること。

＊2 ただし、例外も少なくない。省略された主語を補足するための**一つの目安**であると考え、**文脈**も重視しながら判断することが大切。なお、本書の**【全文解釈】**では、同用法が適用できる箇所にだけ、⬇や♻の印を付けている。

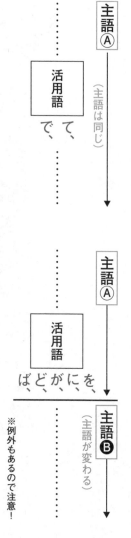

【心中表現文・会話文・挿入句を区切る】

① 地の文[*3]の中に、心中表現文[*4]や（「　」の付いていない）会話文[*5]があったら「　」を書き込んで区切る。挿入句[*6]があったら（　）で区切る。

❖区切ることで、主語と述語の関係や文脈が明確になり、読解がしやすくなる。

② 左図のように、心中表現文・会話文は、読点《とうてん》（、）または句点《くてん》（。）の直後から始まり、「とて、」[*7]や「と思ふ／と言ふ」などの直前で終わるのが原則。挿入句は、読点《とうてん》（、）の直後から始まり、最後が「……にや、／……にか、／……推量、」という形になっているのが原則。

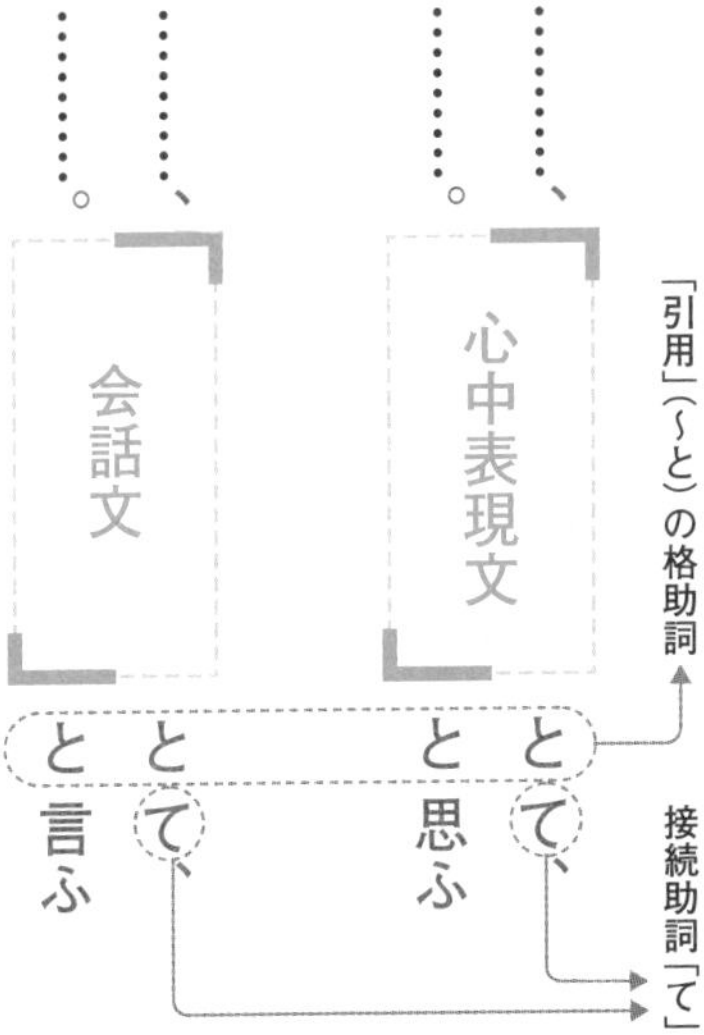

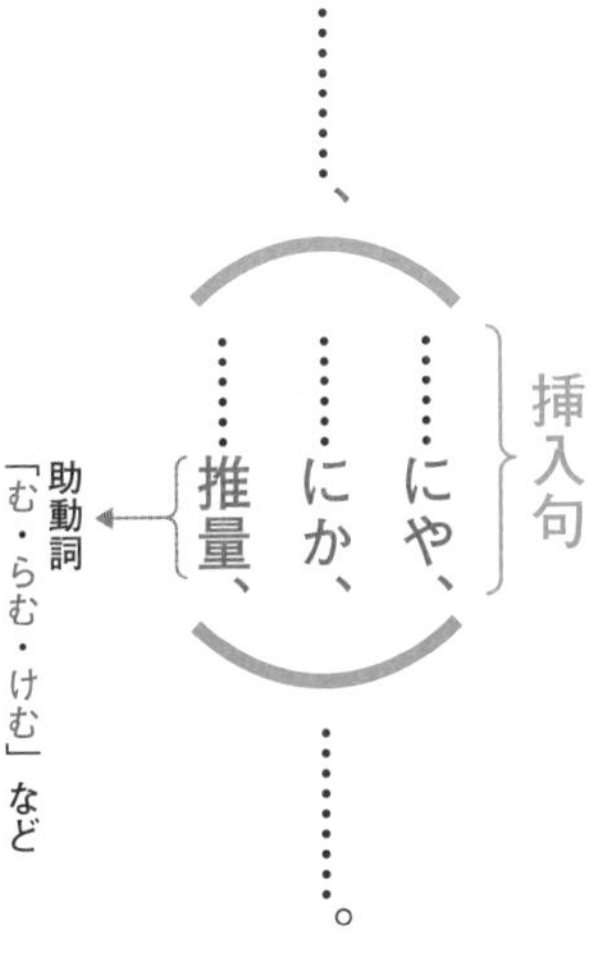

＊3 地《じ》の文…「　」の文以外で、ふつうに物事を述べている文のこと。

＊4 心中表現文《しんちゅうひょうげんぶん》…登場人物が心の中で思ったり言ったりしたことを表現した文（ふつう「　」は付かない）。心中思惟ともいう。

＊5 会話文…地の文に対して、実際に口に出して話された文のこと。通常は「　」が付いているが、付いていない場合もある。

＊6 挿入句《そうにゅうく》…地の文の中に挿入された、作者や話し手の疑問や意見のこと。読点（、）で区切って地の文に挟み込んでいるので、「ハサミコミ」ともいう。

＊7…この「と」は引用（〜と）を表す格助詞。基本的には、「と思ふ」なら心中表現文、「と言ふ」なら会話文であると考えましょう。「思ふ・言ふ」などの動詞は「敬語」になる場合もあるので注意。

例 思ふ→おぼす
　 言ふ→おほす・申す

❷ 語の識別

問題文にある傍線部を解釈する場合など、古文を正確に読解するためには、語をすべて一語ずつ「単語分け」して、その品詞・活用形・意味を**識別**する力をつけなければなりません。語を識別する際は、その語が**自立語**（の一部）なのか**付属語**なのかを区別してから考えます。識別では、**接続**と**活用**に注目するのが基本です。特に付属語の場合、**接続**が識別の決め手になります。

❶「に」の識別

自立語

- 静かに → Ⓐ形容動詞の連用形
- 死に・往に → Ⓑナ変の連用形
- つひに・つねに／よに・げに／まことに・いかに／ひとへに・ことに／さらに・すでに → Ⓒ副詞

付属語

- 連用形＋にき／にけり／にたり／にけむ → Ⓓ完了の助動詞「ぬ」の連用形
- 連体形＋に、 → Ⓔ接続助詞「に」
- 連体形・体言＋にて、／にして、／に＋（係助詞）＋（ラ変動詞） → Ⓕ断定の助動詞「なり」の連用形
- 体言（場所）（連体形）＋に → Ⓖ格助詞「に」「にて」

◆「レベル① 文法編」参照

識別の図や脚注は、『古文レベル別問題集① 文法編』からの抜粋です。文法を「ゼロ」から「最短距離」でマスターしたい人は「レベル①」をご一読ください。大学受験に必要な文法は、すべてその薄い一冊に記載されています。

「に」の識別法

Ⓐ…「に」の上に「か・ら・げ」の文字があれば、**形容動詞（ナリ活用）**の連用形の一部である場合が多い。

Ⓓ…「に」が**連用形**接続で、下に過去・完了の助動詞（き・けり・たり・けむ）が続けば、**完了の助動詞「ぬ」**の連用形。

Ⓕ…「に」が**連体形**か**体言**に接続して、下に接続助詞「て・して」や「**（係助詞）＋（ラ変）**」が続くとき、「に」は断定の**助動詞「なり」**の連用形。ただし、後ろの**係助詞**や**ラ変動詞**はどちらかが省略される場合も多いので注意。

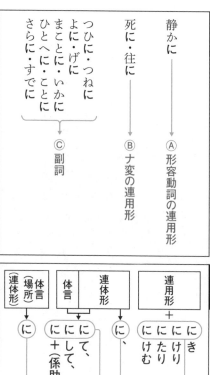

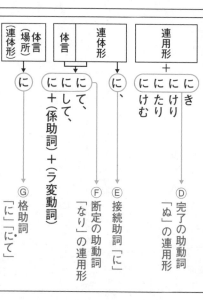

❷「なり」の識別

自立語

- 「か・ら・げ」（唐揚げ）の文字が多い → 静かなり → Ⓐ形容動詞
- 「と・く・う・に」（特ウニ）の文字が多い → 憎になり → Ⓑ四段活用動詞「成る」の連用形

付属語（助動詞）

- 終止形／ラ変連体形 ＋ なり → Ⓒ伝聞・推定
  - 言ふ・聞く・伝ふ・鳴く など（聴覚に関する用言）
- 連体形／体言 ＋ なり → Ⓓ断定
  - 場所・地名 → Ⓓ′存在

❸「なむ」の識別

自立語

- 死なむ／往《い》なむ／去《い》なむ（ナ変／推量） → Ⓐナ変の未然形＋推量の助動詞「む」

付属語

- 未然形 ＋ なむ。（句点） → Ⓑ願望の終助詞
- 連用形 ＋ な（強意）む（推量） → Ⓒ強意の助動詞「ぬ」の未然形＋推量の助動詞「む」
- なむ ＋ 動詞（係結び） → Ⓓ係助詞

「なり」の識別法

Ⓐ Ⓑ…形容動詞は「なり」の上に「か・ら・げ」の文字があることが多い。動詞の「なり」の上には格助詞や形容詞の活用語尾（と・く・う・に）がくる場合が多い。

Ⓒ Ⓓ…**終止形**または**ラ変型に活用する語の連体形**に接続していればⒸ、（ラ変以外の）**連体形**または**体言**に接続していればⒹである。

※Ⓒの「なり」は、「言ふ・聞く」など「耳」に関する動詞の**終止形**に接続することが多い。

「なむ」の識別法

Ⓑ…**未然形**接続で下に「句点（。）」がある（文末にある）場合は終助詞「なむ」。

Ⓒ…助動詞「つ・ぬ」は主に**完了**の意味を表すが、下に**推量**の助動詞が付いた「**てむ・なむ・つべし・ぬべし**」の形はすべて「強意＋**推量**」（きっと…**だろう**）の意味になるので注意。「な」は**連用形**接続、「**む**」は**未然形**接続である点にも注目。

❹「ぬ」と「ね」の識別

「ぬ」の識別

未然形 ── ぬ（体言）→ Ⓐ打消の助動詞「ず」の連体形

連用形 ── ぬ。→ Ⓑ完了の助動詞「ぬ」の終止形

連用形 ── ぬべし／ぬらむ／ぬめり → Ⓒ強意の助動詞「ぬ」の終止形

「ね」の識別

未然形 ── ねば、／ねど、／ねども、→ Ⓓ打消の助動詞「ず」の已然形

連用形 ── ね。→ Ⓔ完了の助動詞「ぬ」の命令形

❺「らむ」の識別

自立語

（「ら」は自立語の一部）

良か《ka》らむ → 形容詞の未然形＋「む」

静かな《na》らむ → 形容動詞の未然形＋「む」

取《to》らむ → 四段動詞の未然形＋「む」

あ《a》らむ → ラ変動詞の未然形＋「む」

な《na》らむ → 四段動詞の未然形＋「む」

（用言の未然形＋推量の助動詞）→ Ⓐ

断定の助動詞「なり」の未然形である場合もある。

付属語（助動詞）

「〜ウ《u》」終止形／ラ変 連体形 ── らむ → Ⓑ現在推量の助動詞「らむ」の終止形または連体形

「〜エ《e》」サ変 未然形／四段 已然形 ── ら／む → Ⓒ完了（存続）の助動詞「り」の未然形＋推量の助動詞「む」

未然形 ── ざ《za》ら／む → Ⓓ打消の助動詞「ず」の未然形＋推量の助動詞「む」

「ぬ」と「ね」の識別法

Ⓐ…「ぬ」が**未然形**接続で**連体形**（下に体言がある）の場合。

ⒷⒸ…「ぬ」が**連用形**接続で**終止形**の場合。文末の「ぬ。」は、打消の助動詞「ず」が係結びで**連体形（ぬ）**になっている可能性もあるので注意。

Ⓒ…下に推量の助動詞が付いた「**ぬ**べし・**ぬ**らむ・**ぬ**めり」の「ぬ」。

Ⓓ…「ね」が**未然形**接続で**已然形**の場合。接続助詞「ば」「ど・ども」は**已然形**接続。

Ⓔ…連用形接続で命令形の場合。

「らむ」の識別法

Ⓑ…「らむ」が終止形かラ変連体形（＝直前の音は「〜ウ《u》」）に接続する場合。

Ⓒ…「らむ」がサ変未然形か四段已然形（「〜エ《e》」の音）に接続する場合。

Ⓐ…「らむ」が「〜ウ《u》・〜エ《e》」以外の音（＝「〜ア《a》・〜イ《i》・〜オ《o》」）に接続する場合。ただⒹの場合も時々あるので注意。

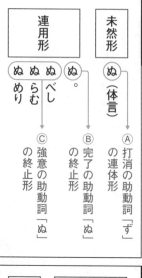

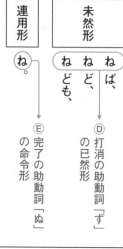

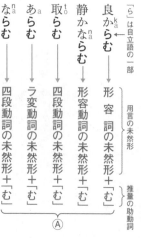

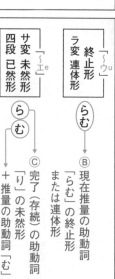

❻「し」の識別

自立語

- 美し → Ⓐ形容詞の終止形活用語尾
- 移して、 → Ⓑサ行四段活用動詞の連用形活用語尾
- 読経して、 → Ⓒサ変動詞の連用形

（接続助詞「て」）

付属語

- 連用形／サ変未然形（せ）・カ変未然形（こ）＋ し（体言） → Ⓓ過去の助動詞「き」の連体形
- 連用形 ＋ して、 → Ⓔ接続助詞「して」の一部
- し（も） 動詞 → Ⓕ副助詞「し」（強意）
- 体言 ＋ して → Ⓖ格助詞「して」の一部

「し」の識別法

Ⓓ…過去の助動詞「き」の連体形の「し」は、基本的には**連用形**に接続するが、**サ変とカ変の未然形（せ／こ）**にも接続して「**せし・せしか／こし・こしか**」という形を取ることもあるので要注意。

Ⓔ…連用形に接続する「**して、**」の「し」はほぼⒺ。接続助詞「して」は、**単純な接続**（…て）の用法を持ち、上には形容詞の連用形活用語尾（〜**く**）や助動詞「ず」の連用形（**ず**）がくることが多い。

Ⓕ…動詞の上にある「し（も）」は副助詞。

Ⓖ…**体言**に接続する「して」にはⒸとⒼがあるが、「（体言）**をする**」と訳せる場合はⒸ、訳せない場合はⒼである。

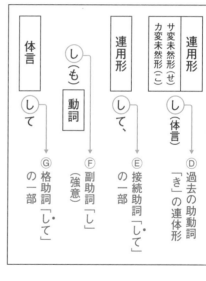

❸敬語の種類

【主な尊敬語】

最←最高敬語の印

最高敬語	頻出度	尊敬語	漢字表記	活用	通常語	訳し方（本動詞）
	★★★	たまふ	【給ふ】	ハ四	与ふ やる	お与えになる・くださる （補助動詞の場合）「お〜になる・〜なさる」
	★	たぶ（たうぶ）	【賜ぶ・給ぶ】	バ四		
	★★	おはす	【御座す】	サ変	あり をり 行く 来	いらっしゃる （補助動詞の場合）「〜ていらっしゃる」
最	★★	おはします	【御座し坐す】	サ四		
		いまそがり	【在そがり】	ラ変		
	★★	のたまふ	【宣ふ】	ハ四	言ふ	おっしゃる
最	★	のたまはす	【宣はす】	サ下二		
	★★	おほす	【仰す】	サ下二		
	★★★	おぼす	【思す】	サ四	思ふ	お思いになる
		おもほす	【思ほす】	サ四		
	★	きこす	【聞こす】	サ四	聞く	お聞きになる
	★★	めす	【召す】＊1	サ四	飲む 食ふ 着る 乗る	お召しになる
最	★	あそばす	【遊ばす】	サ四	す	なさる
最	★★	ごらんず	【御覧ず】	サ変	見る	ご覧になる
最	★	おほとのごもる	【大殿籠る】	ラ四	寝 寝ぬ	お休みになる
	★	つかはす	【遣はす】	サ四	遣る	おやりになる

◆**補足説明**

＊1…「めす」が**補助動詞**の場合、敬意を含む動詞（敬語動詞）の**連用形**に付いて、**さらに敬意を高める（最高敬語にする）働き**をする。

例 おぼす＋**めす**→おぼし**めす**

例 きこす＋**めす**→きこし**めす**

※「見《め》す」だと「ご覧になる」と訳す場合がある。

＊2…「きこゆ【聞こゆ】」は、「聞こえる・評判になる」という意味のふつうの動詞として用いられる場合もあるので、文脈に注意。

＊3…「たてまつる」「まゐる」は主に**謙譲語**として使われるが、時々**尊敬語**（訳：お召しになる）としても用いられる。

＊4…「たまはる」は主に**謙譲語**として使われるが、時々「たまふ」と同じ意味の**尊敬語**（訳：お与えになる）としても用いられる。

【主な謙譲語】

㊕←絶対敬語の印

頻出度	尊敬語	漢字表記	活用	通常語	訳し方（本動詞の場合）
★★★	まうす	【申す】	サ四	言ふ	申し上げる（補助動詞の場合「お〜する・（お）〜申し上げる」） ※「奏す」は天皇に対して、「啓す」は中宮や皇太子に対して「申し上げる」の意。どちらもサ変動詞なので注意。
★★★	きこゆ	【聞こゆ】＊2	ヤ下二		
★	㊕ きこえさす	【聞こえさす】	サ下二		
★★	㊕ そうす・けいす	【奏す・啓す】	サ変		
★★★	たてまつる	【奉る】＊3	ラ四	与ふ　やる	差し上げる・献上する（補助動詞の場合「お〜する・（お）〜申し上げる」）
★★★	㊕ まゐらす	【参らす】	サ下二		
★★★	まゐる	【参る】＊3	ラ四	行く　やる	参上する・差し上げる
★	まうづ	【詣づ】	ダ下二	行く	参上する・参詣する
★	まかる・まかづ	【罷る・罷づ】	ラ四	去る　出づ	退出する
★★	うけたまはる	【承る】	ラ四	聞く・受く	お聞きする・伺う・いただく
★	たまはる	【賜る】＊4	ラ四	受く	いただく・頂戴する
★★★	たまふ	【給ふ】＊5	ハ下二		〜せていただく（〜です／ます）

【主な丁寧語】

頻出度	尊敬語	漢字表記	活用	通常語	訳し方（本動詞の場合）
★★★	はべり	【侍り】	ラ変	あり　をり	あります・おります ＊6 （補助動詞の場合）「〜です／ます」
★★	さぶらふ（さうらふ）	【候ふ】	ハ四		

＊5…「給ふ」は謙譲の補助動詞として用いられる場合もあり、「〜です／ます」または「〜せていただく」と訳す。

例 主人の女ども多かりと聞き給へて、（訳：主人の娘たちが多いと聞きまして〔＝お聞きして〕、）

※謙譲語の場合、活用は八行下二段活用（給［へ一へ一ふ一ふる一ふれ一へよ］）になる。

※謙譲語の「給へ」は、次の形以外で使われている用例がない。

(1)「会話文」の中にある。

(2)「聞き給へ」「見給へ」「思ひ給へ」「覚え給へ」「知り給へ」という形である。これ以外の「給へ」はすべて尊敬語だと判断してよい。

＊6…「侍り・候ふ」は、謙譲語（本動詞）で「お仕えする」と訳す場合もある。

❹重要文学史一覧（平安〜江戸時代）

西暦（年）	時代	説話／物語	日記・紀行文／随筆・評論（歌論）
七九四	平安		
八〇〇		仏 日本霊異記《りょういき》（景戒《きょうかい》）	
九〇〇		作 竹取物語（作者未詳）	
		歌 伊勢物語（作者未詳）	日 土佐日記（紀貫之《きのつらゆき》）
九五〇		歌 **大和《やまと》物語**（作者未詳）❶	
		歌 **平中《へいちゅう》物語**（作者未詳）	
		作 **宇津保《うつほ》物語**（源順《したごう》？）❷	日 **蜻蛉《かげろう》日記**（藤原道綱母《みちつなのはは》）❸
		作 **落窪《おちくぼ》物語**（作者未詳）❹	
一〇〇〇		作 **源氏《げんじ》物語**（紫式部）❺	随 **枕草子《まくらのそうし》**（清少納言《せいしょうなごん》）❻
			日 **和泉《いずみ》式部日記**（和泉式部）❼
			日 **紫式部日記**（紫式部）
		歴 **栄花《えいが》（栄華）物語**（赤染衛門《あかぞめえもん》／出羽弁《いでわのべん》）❸	

大学入試頻出作品の概説

❶**大和物語**…天皇から遊女まで様々な主人公が登場。数々の和歌を使った恋愛話や、あわれ深い話が多い。

❷**宇津保物語**…全20巻の大長編。「宇津保」とは「洞《ほら》穴《あな》」の意。生活するすべを失った母子が洞穴で生活するシーンにちなむ。内容としては、琴の秘曲伝授・恋愛話・政治的紛争が語られる。

❸**蜻蛉日記**…上巻は夫・藤原兼家への愛と嫉妬が綴られるが、中巻・下巻では子・道綱への母性愛が綴られる。自己を客観視した記述も見られる。

❹**落窪物語**…いわゆる「継子《ままこ》いじめ」の話。虐待されていた継子の姫君が右近少将道頼に救い出され、継母方が少将に復讐されるという話。

❺**源氏物語**…全54帖の大長編物語（三部構成）。第一部は桐壺帝の皇子・光源氏の恋愛と栄華、第二部は光源氏の苦悩と崩落、第三部（＝宇治十帖）は光源氏の子（実は柏木の子）薫と光源氏の孫・匂宮の暗くもひたむきな恋愛を描く。当時の貴族社会の光と影を「もののあわれ」の情趣と共に写実的に描写した物語は、日本古典の最高峰とされる。

❻**枕草子**…「すさまじきもの」などのような物尽くしの章、「春はあけぼの」などに代表される自然・人事の感想を書いた章、作者と女房たちが仕えている中宮定子の回想記、の三つの章に分類される。

❼**和泉式部日記**…和泉式部と帥宮《そちのみや》敦道《あつみち》親王との1年にも満たない愛の日記。和歌も多く、歌物語に似た性格もある。歌は帥宮への贈答歌が中心。後に、

太字＝入試最頻出　**黒太字**＝入試頻出　明朝体＝時々出題

学入試約1000題の集計結果より。字が大きいものほど頻出。赤太字と**黒太字（の一部）**を下欄にて解説。

一〇五〇　一一〇〇　一一五〇

←鎌倉時代に続く

歴 **大鏡**《おおかがみ》（作者未詳）❾

作 **堤**《つつみ》**中納言物語**（作者未詳）

作 **浜松中納言物語**（菅原孝標女《たかすえのむすめ》？）❿

作 **夜**《よる》**［夜半**《よわ》**］の寝覚**（菅原孝標女《たかすえのむすめ》？）

作 **狭衣**《さごろも》**物語**（禖子《ばいし》内親王宣旨？）

世 **今昔**《こんじゃく》**物語集**（作者未詳）⓭

世 **古本**《こほん》**説話集**（作者未詳）

歴 **今鏡**《いまかがみ》（藤原為経《ためつね》？）⓯

作 **とりかへばや物語**（作者未詳）

日 **更級**《さらしな》**日記** ⓫（菅原孝標女《たかすえのむすめ》）

日 **讃岐典侍**《さぬきのすけ》**日記**（藤原長子）⓬

評 **俊頼髄脳**《としよりずいのう》（源俊頼《としより》）⓮

❽**栄花（栄華）物語**…宇多天皇から堀河天皇までの約200年間の歴史。藤原道長の**栄華**を賛美。敬語に注意して人間関係を掌握しながら読解すること。

❾**大鏡**…文徳天皇から後一条天皇までの歴史とその他30人の列伝。『栄花物語』と違い、藤原道長の栄華を**批判的**に語る。（尊敬語の文以外の）主語のない文の主語は、語り手であることが多い。

❿**浜松中納言物語**…主人公である浜松中納言の、日本と唐にまたがる恋や転生を中心とした浪漫的な物語。作者は『更級日記』の菅原孝標女とされる。

⓫**更級日記**…東国（関東）から帰京した13歳のときから52歳まで、約40年間にわたる生涯の回想記。『源氏物語』に憧れた少女時代や、親しい人との死別など、その内容は様々。

⓬**讃岐典侍日記**…堀河天皇の発病から病死までの悲しい様子、それに続く幼い鳥羽天皇の即位などを素直に綴った日記。病気がちな貴人は堀河天皇、高貴な子供は鳥羽天皇と考えてよい。

⓭**今昔物語集**…千余りの説話から成り、天竺（インド）・震旦（中国）・本朝（日本）の三部門に分かれている。ほとんどの話が「今は昔」で始まっているので、説話であることに気づきやすい。

⓮**俊頼髄脳**…「気高く遠白き」（気品があって奥深い趣があること）を和歌の理想と説く。和歌の良し悪しについての論が多い。

⓯**今鏡**…後一条天皇から高倉天皇までの約150年の歴史を記す。敬語に注意して人間関係を掌握し、読解すること。『大鏡』『今鏡』『無名草子』の三つの作品は「語り手」が登場するので注意。

世＝世俗説話　仏＝仏教説話　作＝作り物語　歌＝歌物語　歴＝歴史物語　軍＝軍記物語　小＝小説　日＝日記・紀行文　随＝随筆　評＝評論（歌論）

西暦（年）	時代	説話／物語	日記・紀行文／随筆・評論（歌論）
一一八五	鎌倉	歴 水鏡《みずかがみ》（中山忠親《ただちか》？）	評 無名草子《むみょうぞうし》（藤原俊成女《としなりのむすめ》？）❶
一二〇〇		仏 発心集《ほっしんしゅう》（鴨長明《かものちょうめい》）❷ 軍 保元《ほうげん》物語（作者未詳） 軍 平治《へいじ》物語（作者未詳） 軍 平家《へいけ》物語（信濃前司行長《しなののぜんじゆきなが》？）❹ 作 住吉《すみよし》物語（作者未詳） 世 宇治拾遺《うじしゅうい》物語（作者未詳）❺	評 無名抄《むみょうしょう》・方丈記《ほうじょうき》（鴨長明）❸
一二五〇		仏 閑居友《かんきょのとも》（慶政上人《けいせいしょうにん》？）❻ 世 今《いま》物語（藤原信実《のぶざね》）❼ 世 十訓抄《じっきんしょう》（作者未詳）❽ 世 古今著聞集《ここんちょもんじゅう》（橘成季《たちばなのなりすえ》）❾	日 建礼門院右京大夫集《けんれいもんいんのうきょうのだいぶしゅう》（藤原伊行女《これゆきのむすめ》） 日 東関《とうかん》紀行（作者未詳）
一三〇〇		仏 沙石集《しゃせきしゅう》（無住《むじゅう》）❿	日 十六夜《いざよい》日記・うたたね（阿仏尼《あぶつに》）⓫ 日 とはずがたり（後深草院二条《ごふかくさいんのにじょう》）⓬ つれづれぐさ　けんこうほうし

大学入試頻出作品の概説

❶**無名草子**…『源氏物語』など平安時代の様々な物語評をはじめ、小野小町・清少納言・紫式部などのすぐれた女性を、女性の立場で批評している。老尼と女房たちの対話形式であるため、語り手の存在を意識すること。

❷**発心集**…『**方丈記**』で有名な**鴨長明**が著した**仏教**説話集。仏道に入って俗世への執着を絶ったり、極楽往生を願うといった話が多い。各話には作者である鴨長明の感想（仏教的無常観）が付け加えられている。

❸**無名抄**…『方丈記』の鴨長明の歌論書。和歌に関する故実、歌人の逸話・語録、詠歌の心得などを記した随筆風の書。

※『方丈記』が入試で出題されることは極めて稀。

❹**平家物語**…平家一門の栄枯盛衰を描いた軍記物語。平家の栄華、（平清盛没後の）都落ち、滅亡、悲話など様々な内容。小説風にまとまった文庫本を1冊読んでおくと有利。

❺**宇治拾遺物語**…**仏教**説話を80話、**世俗**説話を120話ほど掲載。全体として教訓性・啓蒙性は薄く、破戒僧、盗賊、「こぶ取り爺さん」の話など、笑いやおかしみにまつわる庶民的な説話が多い。

❻**閑居友**…仏教説話集。作者自身の感想が色濃く表れている点が特異である。平家滅亡後の関係者の話（特に女性の説話）が頻出する。

❼**今物語**…短い説話（小話）53編からなる。和歌を中心とした「みやび」の世界を織りなす逸話や、貴族社会の裏話や失敗談などの世俗説話が収録されている。

巻末付録

年	時代	作品	評論
一三三六・一四〇〇・一五〇〇	室町	歴 増鏡《ますかがみ》（二条良基《よしもと》？）⓮ 軍 太平記（小島法師？） 軍 曽我《そが》物語（作者未詳） 軍 義経記《ぎけいき》（作者未詳） 作 御伽草子《おとぎぞうし》（作者未詳）	評 風姿花伝《ふうしかでん》（世阿弥《ぜあみ》）
一五七三	安土桃山		
一六〇〇・一六五〇・一七〇〇・一八〇〇	江戸	小 好色一代男・ 小 好色五人女・ 小 日本永代蔵・ 小 世間胸算用（井原西鶴《さいかく》） 小 雨月《うげつ》物語（上田秋成《うえだあきなり》） 小 東海道中膝栗毛《ひざくりげ》（十返舎一九《じっぺんしゃいっく》） 小 南総里見八犬伝《なんそうさとみはっけんでん》（滝沢馬琴《たきざわばきん》）	評 奥《おく》の細道《ほそみち》（松尾芭蕉） 評 去来抄《きょらいしょう》（向井去来《むかいきょらい》） 評 玉勝間《たまかつま》（本居宣長《もとおりのりなが》）⓯ 評 花月草紙《かげつそうし》（松平定信《さだのぶ》）

❽**十訓抄**…約280話の**世俗**説話を十編に分類して掲載している。インド・中国・日本の説話の中から教訓的なものが集めてある。

❾**古今著聞集**…約700話の**世俗**説話が年代順に収められてある。平安貴族社会に対する強い憧憬の念が見られる。『今昔物語集』、『宇治拾遺物語』、そしてこの作品が「三大説話」とされる。

❿**沙石集**…庶民を仏教に帰依させる方便として約120編の**仏教**説話を集めたもので、10巻からなる。仏教の教理をわかりやすく説く仏教説話、和歌説話、笑話など、内容は多彩を極める。

⓫**うたたね**…『十六夜日記』で有名な歌人、阿仏尼のもう一つの日記。若い頃、失恋し、出家求道の旅に出た日々のことを書き記す。

⓬**とはずがたり**…作者の14歳から49歳にいたるまでの自伝的日記。前半は、寵愛を受けた後深草院（上皇）との愛欲の日々や、数々の男性との恋愛を赤裸々に綴り、後半は出家求道の日々を記した。

⓭**徒然草**…兼好法師（吉田兼好）による、無常を生きる知恵の集大成。自然観照・人間論・処世論など内容は多岐にわたる。『枕草子』『方丈記』『徒然草』の三つを合わせて三大随筆とよぶ。

⓮**増鏡**…後鳥羽天皇生誕から後醍醐天皇の隠岐からの帰還まで、15代約150年間の史書。『大鏡』『今鏡』『水鏡』と共に四鏡の一つで、「鏡物」最後の作。

⓯**玉勝間**…本居宣長の歌論や芸術論。著者の博学ぶりや、学問に対する真剣な姿勢を知ることができる。

世＝世俗説話　仏＝仏教説話　作＝作り物語　歌＝歌物語　歴＝歴史物語　軍＝軍記物語　小＝小説　日＝日記・紀行文　随＝随筆　評＝評論（歌論）

【訂正のお知らせはコチラ】

本書の内容に万が一誤りがございました場合は，東進WEB書店（https://www.toshin.com/books/）の本書ページにて随時お知らせいたしますので，こちらをご確認ください。☞

大学受験 レベル別問題集シリーズ

古文レベル別問題集⑤ 上級編

発行日：二〇二三年七月一二日 初版発行
二〇二四年八月一三日 第2版発行

著　者：富井健二

発行者：永瀬昭幸
発行所：株式会社ナガセ
〒180-0003 東京都武蔵野市吉祥寺南町一-二九-二
出版事業部（東進ブックス）
TEL：0422-70-7456／FAX：0422-70-7457
※東進ブックスの情報は「東進WEB書店 <www.toshin.com/books>」をご覧ください。

編集担当：八重樫清隆

編集主幹：山下芽久
校正・制作協力：佐廣美有　湯本実果里
本文イラスト：松井文子
装丁・DTP：東進ブックス編集部
印刷・製本：シナノ印刷㈱

Printed in Japan　ISBN978-4-89085-933-7　C7381

東進ブックス

合格の秘訣1

全国屈指の実力講師陣

東進の実力講師陣 数多くのベストセラー参考書を執筆!!

東進ハイスクール・東進衛星予備校では、そうそうたる講師陣が君を熱く指導する!

本気で実力をつけたいと思うなら、やはり根本から理解させてくれる一流講師の授業を受けることが大切です。東進の講師は、日本全国から選りすぐられた大学受験のプロフェッショナル。何万人もの受験生を志望校合格へ導いてきたエキスパート達です。

英語

雑誌『TIME』やベストセラーの翻訳も手掛け、英語界でその名を馳せる実力講師。

宮崎 尊先生
[英語]

爆笑と感動の世界へようこそ。「スーパー速読法」で難解な長文も速読即解!

渡辺 勝彦先生
[英語]

100万人を魅了した予備校界のカリスマ。抱腹絶倒の名講義を見逃すな!

今井 宏先生
[英語]

本物の英語力をとことん楽しく!日本の英語教育をリードするMr.4Skills.

安河内 哲也先生
[英語]

関西の実力講師が、全国の東進生に「わかる」感動を伝授。

慎 一之先生
[英語]

全世界の上位5%(PassA)に輝く、世界基準のスーパー実力講師!

武藤 一也先生
[英語]

いつのまにか英語を得意科目にしてしまう、情熱あふれる絶品授業!

大岩 秀樹先生
[英語]

数学

明快かつ緻密な講義が、君の「自立した数学力」を養成する!

寺田 英智先生
[数学]

「ワカル」を「デキル」に変える新しい数学は、君の思考力を刺激し、数学のイメージを覆す!

松田 聡平先生
[数学]

論理力と思考力を鍛え、問題解決力を養成。多数の東大合格者を輩出!

青木 純二先生
[数学]

数学を本質から理解し、あらゆる問題に対応できる力を与える珠玉の名講義!

志田 晶先生
[数学]

ココが違う 東進の指導

01 人にしかできないやる気を引き出す指導

夢と志は志望校合格への原動力！

東進では、将来を考えるイベントを毎月実施しています。夢・志は大学受験のその先を見据える、学習のモチベーションとなります。仲間とワクワクしながら将来の夢・志を考え、さらに志を言葉で表現していく機会を提供します。

夢・志を育む指導

受験は団体戦！仲間と努力を楽しめる

東進ではチームミーティングを実施しています。週に1度学習の進捗報告や将来の夢・目標について語り合う場です。一人じゃないから楽しく頑張れます。

チーム制

一人ひとりを大切に君を個別にサポート

東進が持つ豊富なデータに基づき君だけの合格設計図をともに考えます。熱誠指導でどんな時でも君のやる気を引き出します。

担任指導

現役合格者の声

東京大学 文科一類
中村 誠雄くん
東京都 私立 駒場東邦高校卒

林修先生の現代文記述・論述トレーニングは非常に良質で、大いに受講する価値があると感じました。また、担任指導やチームミーティングは心の支えでした。現状を共有でき、話せる相手がいることは、東進ならではで、受験という本来孤独な闘いにおける強みだと思います。

02 人間には不可能なことをAIが可能に

学力×志望校 一人ひとりに最適な演習をAIが提案！

東進のAI演習講座は2017年から開講していて、のべ100万人以上の卒業生の、200億題にもおよぶ学習履歴や成績、合否等のビッグデータと、各大学入試を徹底的に分析した結果等の教務情報をもとに年々その精度が上がっています。2024年には全学年にAI演習講座が開講します。

AI演習

AI演習講座ラインアップ

高3生 苦手克服＆得点力を徹底強化！

「志望校別単元ジャンル演習講座」
「第一志望校対策演習講座」
「最難関4大学特別演習講座」

高2生 大学入試の定石を身につける！

「個人別定石問題演習講座」

高1生 素早く、深く基礎を理解！

「個人別基礎定着問題演習講座」 2024年夏 新規開講

現役合格者の声

千葉大学 医学部医学科
寺嶋 伶旺くん
千葉県立 船橋高校卒

高1の春に入学しました。野球部と両立しながら早くから勉強をする習慣がついていたことは僕が合格した要因の一つです。「志望校別単元ジャンル演習講座」は、AIが僕の苦手を分析して、最適な問題演習セットを提示してくれるため、集中的に弱点を克服することができました。

東進で勉強したいが、近くに校舎がない君は…

東進ハイスクール
在宅受講コースへ

「遠くて東進の校舎に通えない……」。そんな君も大丈夫！ 在宅受講コースなら自宅のパソコンを使って勉強できます。ご希望の方には、在宅受講コースのパンフレットをお送りいたします。お電話にてご連絡ください。学習・進路相談も随時可能です。

0120-531-104

03 本当に学力を伸ばすこだわり

楽しい！わかりやすい！そんな講師が勢揃い

わかりやすいのは当たり前！おもしろくてやる気の出る授業を約束します。1・5倍速×集中受講の高速学習。そして、12レベルに細分化された授業を組み合わせ、スモールステップで学力を伸ばす君だけのカリキュラムをつくります。

実力講師陣

東進模試

本番レベル・スピード返却 学力を伸ばす模試

常に本番レベルの厳正実施。合格のために何をすべきか点数でわかります。WEBを活用し、最短中3日の成績表スピード返却を実施しています。

高速マスター

英単語1800語を最短1週間で修得！

基礎・基本を短期間で一気に身につける「高速マスター基礎力養成講座」を設置しています。オンラインで楽しく効率よく取り組めます。

パーフェクトマスターのしくみ

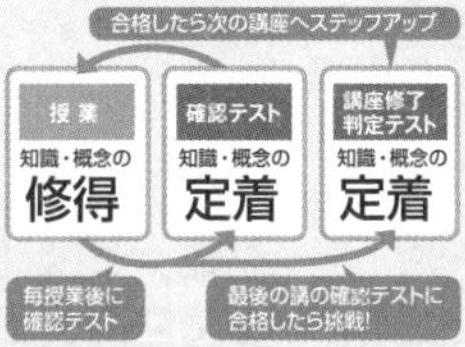

現役合格者の声

早稲田大学 基幹理工学部
津行 陽奈さん
神奈川県 私立 横浜雙葉高校卒

私が受験において大切だと感じたのは、長期的な積み重ねです。基礎力をつけるために「高速マスター基礎力養成講座」や授業後の「確認テスト」を満点にすること、模試の復習などを積み重ねていくことでどんどん合格に近づき合格することができたと思っています。

君の高校の進度に合わせて学習し、定期テストで高得点を取る！

ついに登場！

高等学校対応コース

目指せ!「定期テスト」20点アップ!

「先取り」で学校の勉強がよくわかる!

楽しく、集中が続く、授業の流れ

1.導入

授業の冒頭では、講師と担任助手の先生が今回扱う内容を紹介します。

2.授業

約15分の授業でポイントをわかりやすく伝えます。要点はテロップでも表示されるので、ポイントがよくわかります。

3.まとめ

授業が終わったら、次は確認テスト。その前に、授業のポイントをおさらいします。

合格の秘訣3

東進模試

申込受付中

※お問い合わせ先は付録7ページをご覧ください。

学力を伸ばす模試

本番を想定した「厳正実施」
統一実施日の「厳正実施」で、実際の入試と同じレベル・形式・試験範囲の「本番レベル」模試。
相対評価に加え、絶対評価で学力の伸びを具体的な点数で把握できます。

12大学のべ42回の「大学別模試」の実施
予備校界随一のラインアップで志望校に特化した"学力の精密検査"として活用できます(同日・直近日体験受験を含む)。

単元・ジャンル別の学力分析
対策すべき単元・ジャンルを一覧で明示。学習の優先順位がつけられます。

最短中5日で成績表返却
WEBでは最短中3日で成績を確認できます。※マーク型の模試のみ

合格指導解説授業
模試受験後に合格指導解説授業を実施。重要ポイントが手に取るようにわかります。

2024年度

東進模試 ラインアップ

共通テスト対策
- 共通テスト本番レベル模試 …… 全4回
- 全国統一高校生テスト〈全学年統一部門〉〈高2生部門〉〈高1生部門〉 …… 全2回

同日体験受験
- 共通テスト同日体験受験 …… 全1回

記述・難関大対策
- 早慶上理・難関国公立大模試 全5回
- 全国有名国公私大模試 …… 全5回
- 医学部82大学判定テスト …… 全2回

基礎学力チェック
- 高校レベル記述模試〈高2〉〈高1〉 …… 全2回
- 大学合格基礎力判定テスト …… 全4回
- 全国統一中学生テスト〈全学年統一部門〉〈中2生部門〉〈中1生部門〉 …… 全2回
- 中学学力判定テスト〈中2生〉〈中1生〉 …… 全4回

※2024年度に実施予定の模試は、今後の状況により変更する場合があります。
最新の情報はホームページでご確認ください。

大学別対策
- 東大本番レベル模試 …… 全4回
- 高2東大本番レベル模試 全4回
- 京大本番レベル模試 …… 全4回
- 北大本番レベル模試 …… 全2回
- 東北大本番レベル模試 …… 全2回
- 名大本番レベル模試 …… 全3回
- 阪大本番レベル模試 …… 全3回
- 九大本番レベル模試 …… 全3回
- 東工大本番レベル模試[第1回]
  東京科学大本番レベル模試[第2回] 全2回
- 一橋大本番レベル模試 …… 全2回
- 神戸大本番レベル模試 …… 全2回
- 千葉大本番レベル模試 …… 全1回
- 広島大本番レベル模試 …… 全1回

同日体験受験
- 東大入試同日体験受験 …… 全1回
- 東北大入試同日体験受験 …… 全1回
- 名大入試同日体験受験 …… 全1回

直近日体験受験 …… 各1回
- 京大入試直近日体験受験
- 北大入試直近日体験受験
- 阪大入試直近日体験受験
- 九大入試直近日体験受験
- 東京科学大入試直近日体験受験
- 一橋大入試直近日体験受験

※2024年4月現在

【助詞】一覧表

※赤文字部分はすべて覚えましょう。

格助詞

▼体言に付き、その体言の文中での位置づけをする。

接続	助詞	用法
体言（体）	が・の	①主格（～が）　②連体格（～の）　③同格（～で）　④準体格（～のもの）　⑤比喩（～のような・～のように）
	して	①方法・手段（～で）　②使役の対象（～に〔命じて〕）　③動作の共同者（～と〔共に〕）
	にて	①場所・時（～で・～のときに）　②手段・方法・材料（～で）　③原因・理由（～ので）
	を	①対象（～を）　②起点（～から）　③経由（～を通って）
	に	①場所（～に）　②時（～に）　③対象・相手（～に）　④原因・理由（～により）　⑤変化の結果（～に）　⑥比較の基準（～に・～より）　⑦強調
	へ	①方向（～へ・～に）
	と	①相手・共同者（～と）　②変化の結果（～と・～に）　③引用（～と）　④並列（～と～と）　⑤比較の基準（～と・～と比べて）
	より	①起点（～から）　②経由（～を通って）　③方法・手段（～で）　④比較（～よりも）　⑤即時（～するやいなや）　⑥原因・理由（～ので）
	から	①起点（～から）　②経由（～を通って）　③方法・手段（～で）　④原因・理由（～によって）

未＝未然形／用＝連用形／終＝終止形／体＝連体形／已＝已然形／命＝命令形

接続助詞

▼主に活用語に接続して、前後の文をつなぐ。

接続	助詞	用法
体	を・に・が	①単純な接続（…〔する〕と・…ところ・…が）　②逆接の確定条件（…だが）　③順接の確定条件〔原因・理由〕（…ので）
体	ものの・ものを・ものから・ものゆゑ	①逆接の確定条件（…だが）←「ものの」はこの意味のみ　②原因・理由（…ので）
未	ば	①順接の仮定条件（〔もし〕…ならば）
已	ば	①順接の確定条件　(a)原因・理由（…ので）　(b)偶然・必然（…すると）
未	で	①打消接続（…ないで）
用	て・して	①単純な接続（…て・…で）
用	つつ	①反復・継続（…しては）　②同時（…しながら）
用	ながら	①逆接の確定条件（…だが・…ながら）　②同時（…しながら）　③継続（…のまま）
形 用・動 終	とも	①逆接の仮定条件（…しても）
已	ど・ども	①逆接の確定条件（…だが・…だけれども）

大学受験【古文】

古文レベル別問題集

5

上級編

問題編

東進ブックス

【問題編】目次

第1問題
QUESTION

説話『今昔物語集』

次の文章を読んで、設問に答えよ。

（同志社大学）

解答時間
20分
目標得点
40/50点
学習日
／
解答頁
P.10

1 今は昔、大和の国の吉野の山に一つの山寺ありけり。海部の峰といふ。阿倍の天皇の御代に、一人の僧ありけり。かの山寺にとしごろ住す。清浄にして仏の道を行ふ。

2 しかる間に、この聖人身に病ありて、身疲れ力弱くして起き居ること思ひのごとくにあらず。また、飲食心にかなはずして命存しがたし。しかるに、聖人の思はく、「我身に病ありて道を修するにたへず。病を癒えしめて快く行はむ。ただし、病を癒えしむることは、伝へ聞く、肉食に過ぎたるはなかんなり。しかれば、我魚を食せむ。(ア)これ重き罪にあらず」と思ひて、ひそかに弟子に語りていはく、「我病あるによりて、魚を食して命を存せむと思ふ。汝魚を求めて我に食はしめよ」と。

3 弟子これを聞きて、たちまちに紀伊の国の海の辺に一人の童子を遣はして魚を買はしむ。童子かの浦に行きて(a)あざやかなるなよし(注1)八隻を買ひ取りて、小さき櫃《ひつ》に入れて帰り来る間、道にして、もとより童子を相知れる男三人会ひぬ。男童子に問ひていはく、「汝が持ちたる物は、これ何物ぞ」と。童子これを聞きて、これ魚なりといはむことをすこぶる憚り思ひて、ただ口に任せて、「これは法花経なり」と答ふ。しかるに、男見るに、この小さき櫃より汁垂りて臭き香あり。(b)すでにこれ魚なり。しかれば、男のいはく、「それ経にあらず。まさしく魚なり」と。童、「なほ経なり」とあらそひて行き、具して行くに、一つの市の中に至りぬ。男等ここにやすんで、童を留めて責めていはく、「汝が持ちたる物は、なほ経にはあらず。まさしく魚なり」と。童は、「なほ魚にはあらず。経なり」といふ。男等これを疑ひて、「箱を開きて見む」といふ。童開かじとすれども、男等あながちに責めて開かしむ。童恥ぢ思ふことかぎりなし。しかるに、箱の内を見れば、法花経八巻まします。男等これを見て、恐れ怪しんで去りぬ。童も奇異なりと思ひて、喜びて行く。

4　この男の中に一人ありて、なほこのことを怪しんで、「これを見あらはさむ」と思ひて、うかがひて童の後に立ちて行く。童すでに山寺に至りて、師に向かひてつぶさにこのことのあり様を語る。師これを聞きて、一度は怪しび、一度は喜ぶ。「これひとへに天の我を助けて守護し給へりけるなり」と知りぬ。その後、聖人すでにこの魚を食するに、このうかがひて来れる一人の男、山寺に至りてこれを見て、聖人に向かひて五体を地に投げて、聖人に申してまうさく、「まことにこれ魚のすがたなりといへども、聖人の食物とあるがゆゑに化して経となれり。愚痴邪見にして因果を知らざるによりて、このことを疑ひて度々責め悩ましけり。願はくは聖人この過《とが》を許し給へ。これより後は、聖人をもつて我が大師としてねむごろに恭敬供養したてまつらむ」といひて、(イ)泣く泣く帰りぬ。その後は、この男聖人のために大檀越(注2)となりて、常に山寺に行きて心をいたして供養しけり。これ奇異のことなり。

5 これを思ふに、仏法を修行して身を助けむがためには、もろもろの毒を食ふといふとも返りて薬となる、もろもろの肉を食ふといふとも罪を犯すにあらずと知るべし。

6 しかれば、魚もたちまちに化して経となれるなり。ゆめゆめかくのごとくならむことを誇るべからずとなむ語り伝へたるとや。

（『今昔物語集』より）

（注）1 なよし八隻——鯔《ぼら》八匹。
2 大檀越——多額の金品などを寺に寄進する有力な信者。

問1 傍線部(a)・(b)の意味として適当なものを、次のうちからそれぞれ一つ選び、その番号を記せ。（3点×2）

(a) あざやかなる
① 香りがいい　② 味がいい　③ 活きがいい　④ 上等な　⑤ 高価な

(b) すでに
① かつて　② まさか　③ おそらく　④ まぎれもなく　⑤ なんとなく

I

問2　波線部「肉食に過ぎたるはなかんなり」の解釈として適当なものを、次のうちから一つ選び、その番号を記せ。（7点）

① 肉を食べ過ぎるのはよくないのだ
② 肉はいくら食べても食べ過ぎということはないそうだ
③ 肉を食べ飽きることはないのだ
④ 肉を食べることにまさるものはないそうだ
⑤ 肉ほどおいしいものはないそうだ

問3　点線部(ア)「これ重き罪にあらず」の説明として適当なものを、次のうちから一つ選び、その番号を記せ。（7点）

① 本来、僧は戒律を犯してはならないが、今まで戒律を守って修行してきたので、今度だけは魚を食べても罪を軽くしてもらえると、聖人は思っている。
② 本来、僧は戒律を犯してはならないが、仏道に励んでいくために魚を食べるのだから、重い罪には当たらないと、聖人は考えている。
③ 本来、僧は命あるものを食べてはならないが、山に住む動物の肉を食べるより魚を食べた方が重い罪にならないと、聖人は考えている。
④ 本来、僧は命あるものを食べてはならないが、死んだ魚を買って食べるのであれば殺生戒を犯したことにならない分、軽い罪で済むと、聖人は思っている。
⑤ 本来、僧は命あるものを食べてはならないが、魚を自分が買うのではなく弟子が買うのであれば、重い罪に問われないと、聖人は考えている。

（問4へ ⬅）

問4　点線部(イ)「泣く泣く帰りぬ」の説明として適当なものを、次のうちから一つ選べ。（7点）

①男は、自らの愚かさを反省して聖人への尊敬の念をいだき、感激して山から帰った。
②男は、童子に自らの行為を詫びて許してもらい、感動して山から帰った。
③男は、聖人の法力のありがたさに心動かされ、自分の過ちを懺悔して山寺へ戻った。
④男は、聖人に弟子入りして先祖の供養ができるようになり、歓喜して山寺へ戻った。
⑤男は、仏の導きを感じたが、修行の仕方がわからず、悲嘆して山から帰った。

問5　二重傍線部「開かじ」の「じ」と文法的意味・用法が同じものを、次のうちから一つ選び、その番号を記せ。（5点）

①討ちたてまつらずとも、勝つべきいくさに負くることもよもあらじ
②御文にも、おろかにもてなし思ふまじと、かへすがへす戒め給へり
③いと恥づかしうなむとて、げにえたふまじく泣い給ふ
④夜をこめて鳥のそらねははかるともよに逢坂の関はゆるさじ
⑤さらば、ただ心にまかす。われらは詠めとも言はじ

問6　本文の内容に合致するものを、次の①〜⑥のうちから**二つ**選べ。（4点×2）

①聖人は、年を取ってから山寺で暮らすようになった。
②聖人は、衰弱し満足に飲むことも食べることもできなくなった。
③聖人は、道に立って説法をしたいと言った。
④弟子は、童子とともに魚を買いに行った。

⑤童子は、魚を買った後で顔見知りの男たちに出くわした。
⑥童子は、魚が腐り始めたので心配した。

問7　傍線部「これひとへに天の我を助けて守護し給へりけるなり」とは、どのようなことに対して言っているのか、説明せよ〔句読点とも三十字以内〕。（8点）

問8　この文章が収められている『今昔物語集』は平安時代の説話集である。次の㋑～㋣の作品のうち同じジャンルに属する作品を**二つ**選び、記号で答えよ。（1点×2）

㋑古事記　㋺十訓抄　㋩義経記　㋥栄花物語
㋭日本霊異記　㋬無名抄　㋣大和物語

説話『閑居友』

解答時間
20分
目標得点
40 / 50点
学習日
／
解答頁
P.20

次の文を読んで、あとの問に答えよ。（早稲田大学）

1 昔、清水の橋の下に、薦《こも》にてあやしの家居せる者の、昼は市に出でて、さかまたぶり（注1）といふものを立てて、物を乞ひて世を渡るありけり。腰には薦のきれを巻きてぞありける。

2 かかるほどに、時の大臣なる人、いみじく心を致して仏事する事ありけり。導師は、［A］にとりて尊く聞こゆる人にてぞおはしける。このさかまたぶりの僧、庭にたたずみて、事の刻限をいみじくうかがひたりげに侍りければ、「さやうの乞食《こつじき》などは、かやうの所には見え来る事なればにこそ」など、人々は思ひけるほどに、すでに事よくなりて侍りけるに、この僧、日ごろの姿にて、日隠し（注2）の間より歩み入りて、高座に昇りにけり。「あれはいかに」と、「(1)目もはつかなるわざかな」と、あやしみ合ひたりけれど、「［B］」とて、法要などして始まりにけり。

3 さて、説法いひ知らずいみじく、「昔の富楼那尊者（注3）、形を隠して来たり給へるか」などいひあつかふほどに侍りけり。(2)我もさめざめと泣きけり。この導師すべかりつる人も、雨しづくと泣きけり。御簾の中《うち》、庭のほどなどは所せきほどにぞ侍りける。さて、涙おしのごひて、高座より下《お》り給ひければ、このあるじも、対面せむと思ひ、人々も、(3)そのよし思ひけるほどに、下りはてければ、やがて例のさかまたぶり立てて、狂ひ出でて紛れにけり。その後は、「あしき事しつ」とや思ひ給ひけん、かきくらし失せにけりとなん。「いかにも、ただ人にはあらざりけり」とぞ、人々もいひ合ひたりける。げに、ただにはあらざりける人にこそ侍りけれ。

4　されば、『摩訶止観』(注4)の中には、「C」など侍るぞかし。外《ほか》の振舞ひはものさわがしきにかたどりけめども、心の中はいかばかり諸法空寂の理《ことわり》に住しておはしけんと、尊く侍り。

（『閑居友』より）

（注）
1　さかまたぶり――逆Y字形をした杖。
2　日隠しの間《ま》――寝殿の正面階段を昇った所の奥。
3　富楼那《ふるな》尊者――釈迦十弟子の一人。雄弁で説法に優れていた。
4　『摩訶止観《まかしかん》』――仏書の名。

問1　文中の[A]に入る最も適当な語を次の中から選べ。（5点）
㋑時　㋺心　㋩仏　㋥例　㋭理

問2　傍線部⑴・⑶の意味として最も適当なものを、次の㋑〜㋥の中からそれぞれ一つずつ選べ。（5点×2）
⑴　㋑よく理解の出来ない行動だなあ
㋺目にも止まらない早業だなあ
㋩見るからに恥ずかしい様子だなあ
㋥はっとさせられるほど見苦しい法事だなあ
⑶　㋑説法が巧みであったと感心しているうちに
㋺さげすんでいたことの言い訳を思案しているうちに
㋩高潔な人柄にあやかりたいと思っているうちに
㋥対面しようと考えているうちに

問3　次の各語を、活用語は適宜活用させて組み合わせ、文中の[B]にふさわしい表現とした場合の、上から五番目㋑と九番目㋺の文字を選べ。（5点×2）
は　あり　こそ　やう　らむ

問4　傍線部⑵は誰のことか。次の中から最も適当なものを選べ。（8点）
㋑時の大臣なる人　㋺この文の筆者　㋩さかまたぶりの僧　㋥富楼那尊者　㋭人々

問5　文中の C に入る最も適当な表現を次の中から選べ。（7点）

㋑これをはかり思ふに、食は少なけれども汗は多し
㋺袖を抑へ涙を流してあらばやと、嘆けども甲斐なくて、年も重なりぬるぞかし
㋩何わざにつけても、ひとり侍るばかり澄みたる事はなし
㋥徳を隠さんと思はば、そらもの狂ひをすべし
㋭あるにもあらぬ身のゆゑに、いたづらに積りける罪こそ悔しけれ

問6　次の㋑～㋥の中に、本文に述べられていることと合致するものがあればあるだけ、選べ。ただし、合致するものが一つもない場合には、㋭を選べ。（8点）

㋑さかまたぶりの僧は、自らが富楼那尊者の生まれ変わりだと言って、人をあざむいた。

㋺さかまたぶりの僧は狂人であったが、この日の行為を反省したか、自らの命を絶った。

㋩さかまたぶりの僧を正気にもどすため、時の大臣である人が仏事を営んだ。

㋥さかまたぶりの僧は、日常の生活からは考えられないような家を、橋の下に造っていた。

問7　次の中から説話集ではない作品を**二つ**選び、㋑～㋬の記号で答えよ。（1点×2）

㋑唐物語　㋺風姿花伝　㋩撰集抄
㋥梁塵秘抄　㋭古事談　㋬日本霊異記

第3回 問題 QUESTION

説話『今物語』

解答時間	20分
目標得点	40／50点
学習日	／
解答頁	P.28

次の文章を読んで後の問いに答えよ。なお、文章文は二つの話題から構成されている。

（明治大学）

[1] ある所にて、この世の連歌の上手と聞こゆる人々、寄り合ひて連歌しけるに、その門の下に、法師の、まことに [a] 、頭は(注1)をつかみに生《お》ひて、紙衣《かみぎぬ》のほろほろとある、うち着たるが、つくづくとこの連歌を聞きてありければ、「何ほどの事を聞くらん」と、 (ア) と思ひて侍るに、この法師、やや久しくありて、うちへ入りて、縁のきはに居たり。人々、 (イ) と思ひてあるに、はるかにありて、「賦物(注2)は何にて候ふやらん」と問ひければ、その中に、ちと、くわうりやう(注3)なるものにてありけるやらん、あまりに (ウ) く、あなづらはしきままに、何となく、

「括りもとかず足もぬらさず

と言ふぞ」と言ひたりければ、この法師、うち聞きて、二三反ばかり詠じて、「おもしろく候ふ物かな」と言ひければ、いとど (エ) と思ふに、「さらば、おそれながら、付け候はん」とて、

名にしおふ花の白川わたるには

と言ひたりければ、言ひ出だしたりける人をはじめて、(1)<u>手を打ちてあさみけり</u>。さて、この僧は、「いとま

申して」とてぞ走り出でける。

[2] 後に、この事、京極中納言(注4)聞き給ひて、「いかなる者にかと、返す返すゆかしくこそ、いかさまにてもただ者にてはよもあらじ。当世は、これほどの句など付くる人はありがたし。あはれ、歌よみの名人たちは、ぞくかう(注5)かきたりけるものかな。(2)世の中のやうにおそろしき物あらじ。よきもあしきも、人をあなどる事あるまじき事」とぞ言はれける。

[3] 伏見中納言(注6)といひける人のもとへ、西行法師、行きてたづねけるに、(3)あるじはありきたがひたるほどに、侍の出でて、「何事いふ法師ぞ」と言ふに、縁に尻かけて居たるを、「けしかる法師の、かくしれがましきよ」と思ひたるけしきにて、(4)侍どもにらみおこせたるに、簾の内に、箏の琴にて秋風楽《しゅうふうらく》をひきすましたるを聞きて、西行、この侍に、「物申さん」と言ひければ、「憎し」とは思ひながら、立ち寄りて、(5)「何事ぞ」と言ふに、「簾の内へ申させ給へ」とて、

　　ことに身にしむ秋の風かな

と言ひでたりければ、「憎き法師の言ひ事かな」とて、かまち(注7)を張りてけり。西行、はふはふ帰りてけり。

[4] 後に、中納言の帰りたるに、「かかるしれ者こそ候ひ **X** 。張り伏せ候ひぬ」とかしこ顔に語りければ、「西行にこそありつ **Y** 。ふしぎの事なり」とて、心うがられけり。

5

この侍をば、やがて追ひ出だしてけり。

（『今物語』より）

（注）
1 をつかみに生ひて――つかめる程に髪が伸びた様子。
2 賦物《ふしもの》――連歌で、句の中に物の名を詠み込むときの規制。
3 くわうりやうなるもの――ぶしつけな者。
4 京極中納言――藤原定家（一一六二～一二四一）。歌人・歌学者として著名。
5 ぞくかうかきたりける――「恥をかいた」というほどの意味。
6 伏見中納言――源師仲（一一一五～一一七二）のこと。
7 かまち――上下のあごの骨のこと。ここで西行は、頬骨のあたりを平手で張られたのである。

問1 空欄 a に入る語として最も適切なものを一つ選べ。（4点）

Ⓐ やむごとなく　Ⓑ やむごとなき　Ⓒ あやしげなり　Ⓓ あやしげなる

問2 空欄 (ア) ～ (エ) に共通して入る語として最も適切なものを一つ選べ。（4点）

Ⓐ ゆかし　Ⓑ をかし　Ⓒ おとなし　Ⓓ かしかまし

問3　傍線部⑴「手を打ちてあさみけり」の解釈として最も適切なものを一つ選べ。（5点）

Ⓐ拍手しながら歓迎したのであった
Ⓑ手をたたきながらつまはじきにしたのであった
Ⓒ手で僧をたたいてあざけったのであった
Ⓓ手を打って驚嘆したのであった

問4　傍線部⑵「世の中のやうにおそろしき物あらじ」の意味として最も適切なものを一つ選べ。（5点）

Ⓐ世の中ほどおそろしいものはないだろう
Ⓑ歌人の仲ほどおそろしいものはないだろう
Ⓒ男女の仲ほどおそろしいものはないだろう
Ⓓ名誉欲ほどおそろしいものはないだろう

問5　傍線部⑶「あるじはありきたがひたるほどに」の解釈として最も適切なものを一つ選べ。（5点）

Ⓐ侍の主人が行き違いで西行のもとに出かけたところだったので
Ⓑ西行の仕える主人がちょうどここに出かけてきていたので
Ⓒ来客と応対するべき上司が足を怪我しているときだったので
Ⓓ伏見中納言は外出していて行き違いになってしまったので

問6　傍線部⑷「侍どもにらみおこせたるに」とあるが、そのようにした理由として最も適切なものを一つ選べ。（5点）

Ⓐ正体のわからぬ僧が主のいない屋敷を選んで訪れてきたと考えたから。
Ⓑ正体のわからぬ僧がなぜこのように馴れ馴れしく振る舞うのかわからないから。
Ⓒ得体の知れない僧が素性も明かさず、邸内で傍若無人にふるまっているから。
Ⓓ得体の知れない僧が邸内から聞こえてくる箏の琴の昔に耳を澄ましはじめたから。

（問7へ➡）

問7 傍線部(5)「『何事ぞ』」とあるが、これは誰の発言か。最も適切なものを一つ選べ。(5点)

Ⓐ侍　Ⓑ西行　Ⓒ伏見中納言　Ⓓ伏見中納言の北の方

問8 空欄 X ・ Y に入る語の組み合わせとして最も適切なものを一つ選べ。(5点)

ⒶXつる　Yらむ　ⒷXつれ　Yらめ　ⒸXけむ　Yべし　ⒹXけめ　Yべき

問9 本文の内容についての説明として最も適切なものを一つ選べ。(5点)

Ⓐ前半に登場する「法師」は自らが句を詠んだことが恥ずかしくなって、その場から姿を消した。

Ⓑ西行は、伏見中納言の北の方の演奏に心惹かれ、中納言の留守中に邸宅を訪れたと考えられる。

Ⓒこの文章は、ある人物の能力を外見にはかかわらずに判断することの重要性を説いている。

Ⓓ京極中納言と伏見中納言は、いずれも風雅の才をあらゆる事柄よりも優先させる人物として描かれている。

問10 西行が詠んだ和歌を次の中から一つ選べ。(5点)

Ⓐ春すぎて夏来にけらし白妙の衣干すてふ天の香久山

Ⓑ願はくは花の下にて春死なむそのきさらぎの望月のころ

Ⓒ田子の浦にうち出でて見れば白妙の富士の高嶺に雪は降りつつ

Ⓓ花の色はうつりにけりないたづらにわが身世にふるながめせしまに

問11 この文章が収められている『今物語』と同じジャンルの作品を次の㋑〜㋬の中から**二つ**選べ。(1点×2)

㋑伊勢物語　㋺竹取物語　㋩古今著聞集　㋥平家物語　㋭無名抄　㋬十訓抄

第4回
問題
QUESTION

物語『今鏡』

解答時間
20分
目標得点
40／50点
学習日
／
解答頁
P.38

次の文章を読んで、後の問いに答えよ。（早稲田大学）

1　（注1）この帝、世をしらせ給ひて後《のち》、世の中みな治まりて、今に至るまでそのなごりになむ侍りける。猛《たけ》き御心もおはしましながら、またなさけ多くぞおはしましける。石清水《いはしみづ》の放生会（注2）に、上卿《かみ》、宰相、諸衛（注3）のすけなど立てさせ給ふ事も、この御時より始まり、仏の道もさまざまそれよりぞ、まことしき道はおこりける事多く侍《はべ》るなる。

2　石清水の行幸、初めてせさせ給ひけるに、物見車の外金物（注4）打ちたるを、御輿《こし》とどめさせ給ひて抜かせ給ひける。その中に御乳母子《めのとご》の車より、「いかでか我が君の行幸に、この車ばかりは(1)許され侍らざらむ」と聞こえければ、その由《よし》をや奏しけむ、それは抜かれざりけるとかや。賀茂《かも》の行幸には、金物《かなもの》抜きたる跡《あと》ある車どもぞ、立ち並びて侍りける。

3　東宮におはしましける時、世のへだて（注5）多くおはしましければ、(2)危《あや》ふく思《おも》ほしめしけるに、検非違使（注6）の別当にて経成（注7）といひし人、直衣《なほし》に柏夾（注8）して、白羽《しらは》の胡簶《やなぐひ》負ひて参りて、中門《ちゆうもん》の廊にゐたりける日は、いかなる事の出で来ぬるぞ、と宮の中、女房よりはじめて、隠れ騒ぎけるとかや。おはします所、二条東洞院なりければ、そのわたりを軍(注9)のうち廻《めぐ》りて包みたりければ、「(3)かかる事こそ侍れ」など申し合へりけるほどに、別当の参りたりければ、東宮も御直衣(4)たてまつりなどして、御用意ありけるに、別当の、検非違使(注10)召して、「犯しの者は召し捕《と》りたりや」と問はれければ、「既に召して(5)侍り」といひければこそ、ともかくも申さでまかり(6)出でられにけれ。重く過《あやま》ちたる者の、おはします近きあたりに籠《こも》りたりければ、うち包みたりけるも、もし東宮に逃げ入《い》ることやある、とて参りたりけるなりけり。かやうにのみ危ぶませ給ひて、東宮をも捨てられやせさせ給はむずらむ、と思ほしけるに、殿上人にて衛門(注11)権佐行親と聞こえし人の、X よくするおぼえありて、いかにも天《あめ》の下《した》しろしめすべき由、申しけるかひありて、かくならびなくぞおはしましける。

（『今鏡』より）

（注）1 この帝――後三条天皇（一〇三四～一〇七三）のこと。 2 放生会《ほうじやうゑ》――一度捕らえた魚鳥などの生き物を供養のために逃がしてやる法会。 3 諸衛《しよゑ》――六衛府のこと。近衛府・衛門府・兵衛府の各左右二府ずつで、計六つ。 4 外金物《とがなもの》――車の外装に取り付けた飾りの金具。 5 世のへだて――妨げとなるもの。具体的には、東宮に敵対する勢力のこと。

6 検非違使《けびゐし》の別当――検非違使庁の長官。 7 経成《つねなり》といひし人――源経成。一〇五〇年から一〇六四年まで検非違使の別当。 8 柏夾《かしはばさみ》――冠の後方に垂らす纓《えい》を、非常時に折りたたんで留めるための道具。 9 軍《いくさ》――矢を射る人たち。

10 検非違使召して――ここでは、検非違使庁の一役人を呼びつけて、の意。 11 衛門権佐行親《ゑもんのごんのすけゆきちか》――平行親。

問1　傍線部(1)「許され」、(6)「出でられ」のそれぞれに含まれる助動詞の文法的説明として最も適切なものを次の中から一つずつ選べ。（4点×2）

(イ) 受身の助動詞の連用形　(ロ) 可能の助動詞の已然形　(ハ) 完了の助動詞の已然形
(ニ) 自発の助動詞の連用形　(ホ) 推量の助動詞の已然形　(ヘ) 尊敬の助動詞の連用形

問2　傍線部(2)「危ふく思ほしめしける」の具体的な意味として最も適切なものを一つ選べ。（6点）

(イ) 検非違使が武器をもって攻めてくるという難事をお思いになる。
(ロ) 重罪を犯した者が東宮の御所へ侵入する危険性をお思いになる。
(ハ) 周辺の女房たちの落ち着かない様子から不安だとお思いになる。
(ニ) 敵対者が東宮との対立をふかめるのではないかとお思いになる。
(ホ) 東宮の位にあり続けることに困難があるだろうとお思いになる。

問3　傍線部(3)「かかる事」の内容として最も適切なものを一つ選べ。（6点）

(イ) 検非違使の別当が中門の廊にやって来ていること。
(ロ) 検非違使の役人が東宮の御所を包囲していること。
(ハ) 敵対する勢力が東宮の御所を攻めてきていること。
(ニ) 女房らが恐がって隠れたり騒いだりしていること。
(ホ) 犯人を追う役人たちがその行方を探っていること。

（問4へ➡）

問4 傍線線(4)「たてまつり」、(5)「侍り」は、それぞれ誰に対して敬意を払う表現か。最も適切な人物を次の中から一つずつ選べ。（3点×2）

㋑検非違使の一役人　㋺東宮　㋩女房　㋥別当

問5 空欄 X に入る語として最も適切なものを一つ選べ。（7点）

㋑運　㋺声　㋩相　㋥話　㋭世

問6 この文章の内容に合致するものを次の中から**二つ**選べ。（6点×2）

㋑石清水八幡宮への初の行幸の折に、この帝は物見車の華美な金物を見とがめて、それを抜くようにと指示した。

㋺検非違使の別当が中門の廊へやって来たときに、東宮御所の女房たちは自分たちが捕まえられると思い込んだ。

㋩検非違使の別当は、潜伏中の犯人が東宮御所内へと逃げ込んだ可能性を疑って、御所の中門の廊へやってきた。

㋥東宮時代には敵対する勢力に悩まされた帝だが、当時であっても検非違使庁の役人たちは親身になってくれた。

㋭激しい気性を持ち合わせていた帝ではあったが、その東宮時代には周囲から見捨てられる恐怖に苦しんでいた。

㋬行親はこの帝が東宮時代によき相談相手となり、いずれ天下を統治すべき逸材としてそれに備えるよう論した。

問7 『今鏡』は「四鏡」とよばれる作品群の一つであるが、残りの三作品を成立順に答えよ。（5点）

（□→今鏡→□→□）

第5回

問題
QUESTION

物語『平中物語』

解答時間 20分
目標得点 40／50点
学習日 ／
解答頁 P.46

次の文章を読んで、後の問いに答えよ。

（早稲田大学）

また、このおなじ男、聞きならして、まだものはいひふれぬ、ありけり。いかでいひつかむと思ふ心ありければ、つねにこの家の門よりぞ、歩きける。かうありけれど、A いひつくたよりもなかりけるを、月などのおもしろかりける夜ぞ、かの門の前渡りけるに、女ども多く立てりければ、馬よりおりて、この男、ものなどいひふれけり。いらへなどしける、男うれしと思ひて、立ちとどまりにけり。この女ども、男の供なりける人に、たれぞと問ひければ、その人なりとぞ答へけるに、この女ども、B 音にのみ聞きつるを、いざ、呼びするゑて、ものいはむ、いかがあると聞かむとて、おなじうは、この庭の月をかしきをも Ⅰ といひければ、この男、なにのよきことよとて、もろともに入りにけり。女ども集まりて、簾《す》のうちにて、あやしう、音に聞きつるが、うつつに、よそにても、ものをいふことと、男も女もいひかはして、をかしき物語して、女も、心つけてものいふありけり。集まりてものいふなかに、男も、あやしく、うれしくて、いひつきぬることなど思ひてをりけるほどに、この男の乗れる馬、ものに驚きて、引き放ちて、走りければ、わらはべみな馬につきていにければ、わらは一人ぞ、とどまりて、見えしらがひ（注1）、歩きける。されば、この男、C かたはらいたがりて、招きて、なにごとぞといひければ、され(注2)ば、早う隠れよとて、追ひ込めてけり。それを、この女ども、なにごとぞと問ひければ、なにごとにもあらず、馬なむものに驚きて Ⅱ と、男答へければ、いな、これは、夜ふくるまで来ねば、妻のつくりごとしたるなむめり。あな、むくつけ、はかなきたはぶれごとさへ、い(注3)ふ妻持たらむものはなににかすべきと、心憂がり、ささめきて、みな隠れぬ。この女どもに、この男、あな、わびしや、さらにさもあらずといひけれど、さらに聞かず。はては、ものいひふれむ人もなかりければ、よろづの言葉をひとりごちけれど、さらに答へする人もなかりければ、いひわびてぞ、いでて来にける。さて、つとめて、しぐれければ、男、かくいひやる。

さ夜中に憂き名取川わたるとて濡れにし袖に時雨さへ降る

とある返し、

時雨のみふるやなればぞ濡れにけむ立ち隠れむことやくやしき

とありけるに、喜びて、またものなどいひやれど、いらへもせずなりにければ、いはでやみにけり。

（『平中物語』より）

（注）1　見えしらがひ――わざと目に付くように。
2　されば――しかじかという事情だったので。
3　いふ――苦情を言う。

問1　傍線部A「いひつくたよりもなかりけるを」の解釈として最も適切なものを一つ選べ。（6点）

㋑男が女に言い寄る手段もなかったのを
㋺男の評判を聞いた女に出す手紙もなかったので
㋩男は女にものを言うつもりはなかったのだけれど
㋥男には女の家のありかを知るつてもなかったのに
㋭家の門で男を待っている女が男に声をかけたのだが

問2　傍線部B「音にのみ聞きつるを」の解釈として最も適切なものを一つ選べ。（6点）

㋑噂《うわさ》に聞くだけでしたのに
㋺供の声を聞いただけでしたのに
㋩女たちの足音しか聞こえませんでしたのに
㋥男と女の声だけしか聞こえませんでしたのに
㋭馬の蹄《ひづめ》の音だけしか聞こえませんでしたのに

問3　空欄 Ⅰ に入る語句として最も適切なものを次の中から選べ。（7点）

㋑興じたり　㋺見せむ　㋩聞くらむ　㋥言ひけり　㋭覚えけむ

問4　傍線部C「かたはらいたがりて」について、この男の心情の説明として最も適切なものを一つ選べ。（6点）

㋑逃げた馬が気がかりで
㋺一人残った童に感嘆して
㋩女たちに間が悪い思いをして
㋥自分を待つ妻のことを思い遣って
㋭童たちのあわてた様子を面白がって

問5　空欄 Ⅱ に入る語句として最も適切なものを一つ選べ。（6点）

㋑来たりける　㋺隠れにけり　㋩追はれけり　㋥放れにける　㋭問はれけり

（問6へ⬅）

S

問6　傍線部D「みな隠れぬ」の理由として最も適切なものを一つ選べ。（7点）

㋑妻が男に嘘をついたようだったから　㋺童に男が恋心を抱いているようだったから
㋩やきもちを焼く妻をもった男にあきれたから　㋥男の乗って来た馬の行方がわからなくなったから
㋭男がその場で言い訳をしているうちに時雨が降ってきたから

問7　傍線部Eの返歌「時雨のみふるやなればぞ濡れにけむ立ち隠れけむことやくやしき」の解釈として最も適切なものを一つ選べ。（8点）

㋑女性にもてるという評判のあなた様なのに、私たちの古い家では時雨に濡れるからと、物陰に身を隠されたのは残念なことです。

㋺時雨が激しく降るなかで独り言をおっしゃっていましたが、あなた様の古い家になぜ身を隠そうとしたのかと思うと残念なことです。

㋩時雨に降られたように涙で袖を濡らし、奥様と別れたことを悲しんでいるあなた様を見ていると、古い家に住む私たちは悲しくなります。

㋥袖がずぶ濡れになるほど時雨が激しく降ってきましたが、あなた様が奥様の目を気にして私たちの古い家にお隠れになったのは口惜しいことです。

㋭あなた様は時雨が漏れるような古い家に奥様と住んでいたから袖が濡れたのでしょう。私たちが隠れたためではないでしょうに、なぜそんなに口惜しいのでしょう。

問8　問題文の『平中物語』と同じ時代に成立し、同じジャンルに属する作品を、一作品挙げよ。（4点）

第6回 問題 QUESTION

日記『十六夜日記』

解答時間
20分
目標得点
40／50点
学習日
／
解答頁
P.56

次の文を読み、後の問に答えよ。（上智大学）

式乾門院(注1)の御匣殿(注2)と聞こゆるは、久我(注3)の太政大臣の御女《むすめ》、これも続後撰(注4)より打ち続き、二度《ふたたび》三度《みたび》の(1)集にも、家々(注5)の打聞にも、歌あまた入り給へる人なれば、(2)御名も隠れなくこそは。今は安嘉門院(注6)に、御方(注7)とて候ひ給ふ。東路(注8)思ひ立ちし、明日とてまかり申しの由に北白河殿(注9)へ参りしかど、見えさせ給はざりしかば、今宵ばかりの出立ち、もの騒がしくて、「かく」とだに聞こえあへず急ぎ出でしにも、心かかりて(3)おとづれ聞こゆ。「草の枕ながら年さへ暮れぬる心細さ、雪のひまなき」など、書き集めて、

(4)消え返りながむる空もかきくれて程は雲居ぞ雪になりゆく

など聞こえたりしを、立ち返りその御返し、

便りあらばと心にかけ参らせつるを、今日、師走の二十二日、文待ち得て珍しく嬉しさ、まづ何事も細かに申したく候ふに、今宵は御方違(注10)の行幸の御上とて、紛るる程にて、思ふばかりもいかがと本意なうこそ。御旅明日とて御参り候ひける日しも、峰殿(注11)の紅葉見にとて若き人々誘ひ候ひし程に、後にこそかかる事ども聞こえ候ひしか、などや、「かく」とも御尋ね候はざりし。

6

X 一方《ひとかた》に袖や濡れまし旅衣たつ日を聞かぬ恨みなりせば

さてもこれより「雪になりゆく」と候ひし御返事は、

かきくらし雪降る空の眺めにも程は雲居のあはれをぞ知る

とあれば、このたびは又、「たつ日を知らぬ」とある御返事ばかりをぞ聞こゆる。

Y 心から何恨むらん旅衣たつ日をだにも知らず顔にて

（『十六夜日記』より）

（注）
1 式乾門院《しきけんもんいん》——後高倉院の皇女利子内親王。
2 御匣殿《みくしげどの》——式乾門院に仕えた女房の呼称。
3 久我《こが》の太政大臣——源通光。
4 続後撰——続後撰和歌集。
5 家々の打聞《うちぎき》——歌道の家々で編纂《さん》された私撰集。
6 安嘉《あんか》門院——後高倉院の皇女邦子内親王。
7 御方——貴婦人への尊称。
8 東路思ひ立ちし——作者は実子藤原為相《ためすけ》と継子為氏《ためうじ》の領地相続争いの訴訟のために鎌倉に下ることにした。
9 北白河殿——安嘉門院の御所。
10 御方違《かたたがへ》の行幸の御上——方違えで天皇が北白河殿へいらっしゃるということ。
11 峰殿——光明峰寺《こうみょうぶじ》入道と呼ばれた藤原道家の別荘。

問1　傍線部(1)「集」とは何か。次の中から最も適切なものを一つ選べ。(3点)

ⓐ漢詩集　ⓑ私家集　ⓒ説話集　ⓓ勅撰和歌集

問2　傍線部(2)「御名も隠れなくこそは」とはどういうことか。次の中から最も適切なものを一つ選べ。(5点)

ⓐ本名を知らない人はいない。　ⓑ歌人として有名である。

ⓒ皆から慕われている。　ⓓ浮き名を流している。

問3　傍線部(3)「おとづれ聞こゆ」の意味として最も適切なものを一つ選べ。(5点)

ⓐお訪ね申し上げる。　ⓑ訪問してお聞きする。

ⓒ手紙を差し上げる。　ⓓ手紙でお聞きする。

問4　傍線部(4)の和歌の説明として最も適切なものを一つ選べ。(5点)

ⓐ消え入りそうなほど心細い作者の心情を、都から遠く隔たった雪降る寒空の情景と重ね合わせて詠んでいる。

ⓑ雪が降り空がかき曇る暗い情景を振り払い、新しい場所で懸命に生きようとする作者の心情を詠んでいる。

ⓒ都では雪が消え春めいてきているのに、こちらではまだ冬景色であることを寂しく思う作者の心情が詠まれている。

ⓓ病に倒れ重体になるが一命を取りとめ、冬空のもと療養している作者のわびしい心情が詠まれている。

(問5へ←)

問5 次の出来事のうち、同日に起こったことを**二つ**選べ。（5点）

ⓐ 作者が御匣殿を訪ねる。
ⓑ 北白河殿に方違えの行幸がある。
ⓒ 御匣殿が峰殿の紅葉を見に行く。
ⓓ 作者が都を出発する。

問6 『十六夜日記』の作者を一つ選べ。（3点）

ⓐ 菅原孝標女　ⓑ 建礼門院右京大夫　ⓒ 藤原俊成女　ⓓ 阿仏尼

問7 波線部**X**の和歌について次の問いに答えよ。（7点×2）

(1)「一方」は「並一通り」の意を表す。「〜せば〜まし」の反実仮想に注意して和歌全体を現代語訳せよ。
(2) 現実にはどうだったのか。理由も合わせて説明せよ。

問8 波線部**Y**は波線部**X**の返歌で、わざと相手の言い分をはぐらかして戯れて詠んでいる。これについて次の問いに答えよ。（(1)2点　(2)8点）

(1)「心」は誰の心か、記せ。
(2)「旅衣たつ日をだにも知らず顔にて」とは、御匣殿のどのような行動をもとに言っているのか、説明せよ。

第7回 問題 QUESTION

日記『更級日記』

解答時間
20分
目標得点
40／50点
学習日
／
解答頁
P.64

次の文章は『更級日記』の一節で、秋七月（旧暦）、作者の父が常陸の国司となって東国へ赴任する場面から、その年の冬に至るまでを、回想して記した部分です。よく読んで後の問題に答えなさい。

（学習院大学）

1　七月十三日に下る。〈中略〉その日は立ち騒ぎて、時なりぬれば、今はとて簾《すだれ》を引き上げて、うち見あはせて涙をほろほろと落として、(a)やがて出でぬるを見送る心地、目もくれまどひて臥《ふ》されぬるに、とまるをのこの、送りして帰るに、懐紙《ふところがみ》に、

　思ふこと心にかなふ身なりせば(Ⅰ)秋の別れを深く知らまし

とばかり書か(ア)れたるをも、え見やら(イ)れず。ことよろしきときこそ腰折れ(注1)かかりたることも思ひ続けけれ、ともかくも言ふ(i)べきかたもおぼえぬままに、

　かけてこそ思はざりしかこの世にてしばしも君にわかる(ii)べしとは

とや書か(ウ)れにけむ。

2　(Ⅱ)いとど人目も見えず、さびしく心細くうちながめつつ、いづこばかりと、明け暮れ思ひやる。(Ⅲ)道のほども知りにしかば、はるかに恋しく心細きこと限りなし。明くるより暮るるまで、東の山ぎはをながめて過ぐす。

7

3 八月ばかりに太秦(注2)にこもるに、一条より詣《まう》づる道に、男車、二つばかり引き立てて、ものへ行《ゆ》くに、もろともに来(iii)べき人待つなる(iv)べし。過ぎて行《ゆ》くに、随身(注3)だつ者をおこせて、

花見に行《ゆ》くと君を見るかな

と言はせたれば、(IV)かかるほどのことは、いらへぬも(b)便《びん》なしなどあれば、

千種《ちぐさ》なる(V)心ならひに秋の野の

とばかり言はせて行き過ぎぬ。七日さぶらふほども、ただあづま路《ぢ》のみ思ひやら(エ)れて、よしなし事からうじて離れて、「平《たひ》らかに会ひ見せたまへ」と申すは、仏もあはれと聞き入れさせたまひけむかし。

4 冬になりて、日ぐらし雨降りくらしたる夜、雲かへる風はげしううち吹きて、空晴れて月いみじう明《あか》うなりて、軒近き荻(注4)のいみじく風に吹かれて、砕けまどふがいとあはれにて、

(VI)秋をいかに思ひ出づらむ冬深み嵐《あらし》にまどふ荻《をぎ》の枯葉は

(『更級日記』より)

(注) 1 腰折《を》れ——和歌の第三句を「腰句」といい、「腰折れ」は第三句から第四句への接続が意味上、不自然で拙劣な歌をいう。ここでは広く稚拙な歌をいう。
2 太秦《うづまさ》——京都市右京区にある広隆寺をさす。
3 随身《ずいじん》——貴人の外出時に武装して警護した近衛府の舎人《とねり》。
4 荻《をぎ》——秋に大きな花穂を出すイネ科の多年草。

問1　傍線部(a)・(b)の本文中の意味として最も適切なものをそれぞれ一つ選べ。（3点×2）

(a) やがて

① すぐに　② そして　③ ややあって　④ 知らぬうちに

(b) 便なし

① 不便である　② 無粋である　③ 縁起が悪くなる　④ 御利益が無くなる

問2　傍線部(I)の「秋の別れを深く知らまし」の意味として最も適切なものを一つ選べ。（5点）

① 人と別れるあわれを深く味わい知ることになるでしょう。
② 人と別れるあわれを深く味わい知ることになっていたでしょう。
③ 人と別れるあわれを深く味わい知ることができるでしょうが、今はそれもできません。
④ 人と別れるあわれを味わい知らないでしょうか、いえ深く味わい知ることになりました。

問3　傍線部(II)～(IV)について、本文中の意味として最も適切なものをそれぞれ一つ選べ。（5点×3）

(II)「いとど人目も見えず」

① 父の赴任前も、訪問する客はめったになかったが、赴任後はいっそう客も少なくなり
② 父の赴任前も、来客にはめったに顔を見せなかった自分だが、赴任後はいっそう人にも会わず
③ 父の赴任前も、家にいる使用人は少なかったが、赴任後は使用人もすっかりいなくなってしまって
④ 父の赴任前も、寂しくて人に会う気になれなかったが、赴任後はまったく誰《だれ》にも会いたくなくて

（問3(III)へ ⬅）

(Ⅲ)「道のほども知りにしかば」

① 父の下向の日程はあらかじめ知っていたので
② 父の下向の様子は戻ってきた下僕から聞いていたので
③ 父の下向の道程はかつて自分も通ったから知っていたので
④ 父の下向の道順は届けられた手紙でだいたい推定できたので

(Ⅳ)「かかるほど」

① 花見の誘いの場合
② 寺社への参詣《さんけい》の場合
③ 花見と誤解された場合
④ 歌を詠みかけられた場合

問4 傍線部(Ⅴ)の「心ならひ」はここではどのようなことを表しているか。その説明として最も適切なものを一つ選べ。(5点)

① 女に声をかける男のいつもの浮気心
② 太秦へ物詣でする者としての心構え
③ 慣習通り返歌する者のさりげない気遣い
④ 女性だけで出かけている私たちへの心配り

問5 傍線部(Ⅵ)の和歌に使われている語句「秋」「冬」「嵐」「荻」に込められた意味の説明として最も適切なものを一つ選べ。(5点)

① 「秋」に、父がまだ都にいた楽しい時を込めている。
② 「冬」に、父が赴任している東国の厳しい気候を込めている。
③ 「嵐」に、やっと任国を得た父の不遇な境遇を込めている。
④ 「荻」に、父の転勤に翻弄される我が身の労苦を込めている。

問6　二重傍線部について、次の問いに答えよ。（5点×2）

(1) 二重傍線部(ア)〜(エ)の「れ」のうち、意味上同じものはどれとどれか。二つ選べ。ただし、一つのみ、あるいは、三つ以上マークした場合は0点とする。

(ア)「書かれたるをも」　(イ)「見やられず」

(ウ)「書かれにけむ」　(エ)「思ひやられて」

(2) 二重傍線部(i)〜(iv)の「べし」のうち、意味上、次の例文の「べし」と同じものを、後の①〜④の中から一つ選べ。

例文「人の歌の返し、疾くすべきを、え詠み得ぬほども、心もとなし。」（『枕草子』）

①「ともかくも言ふべきかたも」　②「君にわかるべしとは」

③「もろともに来べき人」　④「待つなるべし」

問7　次の文学作品の成立順として正しいものを一つ選べ。（4点）

①『蜻蛉日記』――『土佐日記』――『十六夜日記』――『更級日記』

②『土佐日記』――『蜻蛉日記』――『更級日記』――『十六夜日記』

③『更級日記』――『土佐日記』――『十六夜日記』――『蜻蛉日記』

④『土佐日記』――『更級日記』――『蜻蛉日記』――『十六夜日記』

第8回 問題 QUESTION

随筆『枕草子』

解答時間
20分
目標得点
40/50点
学習日
／
解答頁
P.72

次の文章は、『枕草子』の一節である。これを読んで、後の問いに答えよ。（明治大学）

1 (1)心もとなきもの 人のもとにとみの物縫ひにやりて、いまいまと苦しうゐ入りて、あなたをまもらへたる心地。子生むべき人の、そのほど過ぐるまでさるけしきもなき。遠き所より思ふ人の文を得て、かたく封《ふん》じたる続飯(注1)などあくるほど、いと心もとなし。物見におそく出でて、事なりにけり、白きしもと(注2)など見つけたるに、近くやり寄するほど、(2)わびしう、下りてもいぬべき心地こそすれ。

2 (3)知られじと思ふ人のあるに、前なる人に教へて物言はせたる。いつしかと待ち出でたるちごの、五十日(注3)、百日などのほどになりたる、行末いと心もとなし。

3 とみの物縫ふに、なま暗うて針に糸すぐる。されど、それはさるものにて、ありぬべき所をとらへて、人にすげさするに、それもいそげばにやあらむ、とみにもさし入れぬを、「いで、ただなすげ X 」と言ふを、「さすがになどてか」と思ひ顔にえさらぬ、にくささへ添ひたり。

4 何事にもあれ、いそぎて物へ行くべきをりに、まづ我さるべき所へ行くとて、「(4)ただいまおこせむ」とて出でぬる車待つほどこそ、いと心もとなけれ。大路行きけるを、「さななり」とよろこびたれば、ほかざまにいぬる、いとくちをし。まいて物見に出でむとてあるに、「事はなりぬらむ」と人の言ひたるを聞くこそわびしけれ。

5 子生みたる後の事の久しき。物見、寺詣でなどに、もろともにあるべき人を乗せに行きたるに、車をさし寄せて、とみにも乗らで待たするも、いと心もとなく、うち捨ててもいぬべき心地ぞする。また、とみにて炒炭(注4)おこすも、いと久し。

6 人の歌の返しとくすべきを、えよみ得ぬほども、心もとなし。懸想人(注5)などは、さしもいそぐまじけれど、おのづからまた、(5)さるべきをりもあり。まして女も、(6)ただに言ひかはすことは、疾きこそはと思ふほどに、あいなくひが事もあるぞかし。

7 心地のあしく、物のおそろしきをり、夜の明くるほど、いと心もとなし。

（『枕草子』より）

（注）
1 続飯《そくひ》——飯粒を練った糊。
2 白きしもと——沿道警備の任に当たった官人の持つ白い杖。
3 五十日《いか》、百日《ももか》——誕生から五十日・百日経ってからお祝いをすること。
4 炒炭《いりずみ》——あぶって湿気をとった炭。
5 懸想《けそう》人——恋人。

8

問1　傍線部(1)「心もとなきもの」の解釈として最も適切なものを一つ選べ。(6点)

①うんざりさせられるもの　②寂しさをあおるもの　③喜びを感じさせるもの
④気がかりでじれったいもの　⑤不安をかきたてるもの

問2　傍線部(2)「わびしう、下りてもいぬべき心地こそすれ」の解釈として最も適切なものを一つ選べ。(6点)

①がっかりして、車を降りて歩いていってしまいたい気持ちになる
②悲しみのあまり、実家に帰ってしまいたいような気持ちになる
③自暴自棄になり、車から降りてでも行ってしまいたい気持ちになる
④さびしさのために、地方にいる夫のもとへ行きたいような気持ちになる
⑤残念なので、車を降りていかなければならない焦った気持ちになる

問3　傍線部(3)「知られじと思ふ人のあるに、前なる人に教へて物言はせたる」の解釈として最も適切なものを、次の①〜⑤の中から一つ選べ。(7点)

①わたしのことを知らないと思われる人がいるときに、目の前の人に言い方を教えて紹介をさせている
②わたしのいることを知られたくないと思う人がいるときに、前にいる人に答え方を教えて話をさせている
③きっとわたしのことを知らないと思う人がいるときに、以前の恋人に事情を教えて話をさせている
④あまり知らない人がいるときに、前から知っている人が間に立って教えてくれて話をなさっている
⑤恋心を知られてはならないと思う人がいるのに、他の人が前にいる人に教えておっしゃっている

問4　空欄 X には助詞が一語入る。その助詞として最も適切なものを記せ。(6点)

問5　傍線部(4)「ただいまおこせむ」の解釈として最も適切なものを一つ選べ。（6点）

①今まさにきた　②やっと今起こした　③すぐに返そう

④ただちに起こそう　⑤たった今送った

問6　傍線部(5)「さるべきをり」とはどのような「折」か。五字以上十五字以内（句読点を含む）の現代語で説明せよ。（8点）

問7　傍線部(6)「ただに言ひかはすことは、疾きこそはと思ふほどに、あいなくひが事もあるぞかし」の解釈として最も適切なものを一つ選べ。（7点）

①簡単な言葉のやりとりをするときは、早く反応しなければと思っているので、どうしようもない誤解を招くこともあるにちがいない

②率直な言葉のやりとりをすることは、早く反応することがよいと思うので、わけもわからないうちに笑われるようなことをいってしまうこともある

③普通のやりとりをしているときは、返歌の早いことがよいと思っているために、つまらない失敗をすることもあるものだ

④ひたすらに会話をしている間は、病気になってしまうと迷惑がかかると思うので、かえって悪いことが起きるかもしれない

⑤そのままやりとりをしているときは、早く返事をしなければと気がせくあまり、思いもしないことを言ってしまうだろう

（問8へ➡）

8

問8　作者の仕えた人物として最も適切なものを一つ選べ。（4点）

①　式子　②　彰子　③　詮子　④　定子　⑤　禎子

第9回 問題 QUESTION

評論『無名草子』

解答時間	目標得点	学習日	解答頁
20分	40 / 50点	／	P.80

次の文章を読んで、問いに答えよ。　　（立命館大学）

（八十三歳の老尼が、京の東山あたりを歩きまわり、夕方偶然に見つけた檜皮葺《ひわだぶき》の邸で若い女房たちと語り合うことになる。）

1 南面の中二間ばかりは、持仏堂にやと見えて、紙障子白らかに立てわたしたり。不断香の煙、けぶたきまで燻《くゆ》り満ちて、名香の香などかうばし。まづ、仏のおはしましけると思ふもいとうれしくて、花籠をひぢに掛け、檜笠を首につらされながら、縁のきはに歩み寄りたれば、寝殿の南、東と、すみ二間ばかり上がりたる御簾のうちに、箏の琴の音ほのぼの聞こゆ。(ア)いと心にくくゆかしきに、若やかなる女声にて、「いとあはれなる人のさまかな。さほどの年に、いかばかりの心にていと見苦しげなるわざをしたまふぞ。小野小町がひぢに掛け(1)けむ筐よりはめでたし」など言ふ人あり。〈中略〉

2 〈1〉「人なみなみのこと(2)にはべらざり(3)しかども、数ならずながら、十六七にはべりしより、皇嘉門院(注1)と申しはべりしが御母の北政所にさぶらひて、讃岐院(注2)、近衛院などの位の御時、百敷のうちも時々見はべりき。さて失せさせたまひしかば、女院にこそさぶらひぬべくはべりしかども、なほ(イ)九重の霞の迷ひに花をもてあそび、雲の上にて月をも眺めまほしき心、(ウ)あながちにはべり。後白河院、位におはしまし、二条院、東宮と申しはべりしころ、その人数にはべらざりしかど、おのづからたち慣れはべりしほどに、さる方に(エ)人にも許されたる慣れ者になりて、六条院、高倉院などの御代まで時々仕うまつりしかども、つくも髪見苦しきほどになりはべりしかば、頭おろして山里に籠りはべりて、(注3)一部読みたてまつること怠りはべらず。今朝とく出ではべりて、とかく惑ひはべりつるほどに、(オ)今まで懈怠《けだい》しはべりにける」とて、首に掛けたる経袋より冊子経取り出でて、読みゐたれば、〈2〉「暗うてはいかに」などあれば、〈3〉「今は口慣れて、夜もたどるたどるは読まれはべる」とて、一の巻の末つ方、方便品比丘偈などより、やうやう忍びてうちあげなどすれば、いと思はずに、あさましがりて、〈4〉「今少し近くてこそ聞か(4)め」とて、縁へ呼びのぼすれば、〈5〉「いと見苦しくかたはらいたくはべれど。(カ)法華経にところを置きたてまつりたまはむを、強ひて否びきこえむも罪得はべり(5)ぬべし」とて、縁にのぼりたり。

(『無名草子』より)

（注）
1 皇嘉門院《こうかもんいん》――崇徳天皇の中宮藤原聖子。
2 讃岐院――崇徳天皇。鳥羽天皇の皇子。
3 一部――書物の一揃い。

問1　傍線部(ア)の「いと心にくくゆかしき」、傍線部(ウ)の「あながちにはべり」を、それぞれ現代語訳せよ。（5点×2）

問2　傍線部(イ)の「九重の霞の迷ひに花をもてあそび、雲の上にて月をも眺めまほしき心」とは、どのような気持ちか。最も適当なものを一つ選べ。（5点）

①貴族たちの雅びな生活を書き残そうという気持ち
②宮中での遊宴に余生を費やしていこうという気持ち
③仏道から離れて皇族たちと交流したいという気持ち
④皇嘉門院たちの歌集を編んでおきたいという気持ち
⑤宮中での風雅な日々を長く楽しみたいという気持ち

問3　傍線部(エ)に「人にも許されたる慣れ者」とあるが、それはどのような人物か。最も適当なものを一つ選べ。（5点）

①帝や后に仕える臣下として熟達した者
②皇族たちから長年信頼され続けた女房
③東宮の後見を朝廷から一任された老尼
④帝に和歌などを指導する歌壇の有力者
⑤多くの人に存在を認められた老練の者

問4　傍線部(オ)の「今まで懈怠しはべりにける」とはどのようなことか。最も適当なものを一つ選べ。（5点）

①若い女房たちの話で家に帰るのを忘れてしまったこと
②尊い仏恩に報いることなく老いを迎えてしまったこと
③女房たちの読経を聞きほれて時を忘れてしまったこと
④あちこち立ち寄りこの持仏堂にすぐに来なかったこと
⑤法華経を読誦しないまま日暮れを迎えてしまったこと

（問5へ ←）

9

問5　傍線部(カ)の「法華経にところを置きたてまつりたまはむ」とはどういうことか。最も適当なものを一つ選べ。(5点)

①法華経に深い尊敬の気持を示していること　②法華経を堂に安置しようと思っていること

③法華経の要点を悟りたいと思っていること　④法華経を早く暗誦しようと思っていること

⑤法華経にはやや従えないと思っていること

問6　傍線部(1)の「けむ」、(2)の「に」、(3)の「しか」、(4)の「め」、(5)の「ぬ」の文法的意味として、最も適当なものを、それぞれ一つずつ選べ。(2点×5)

①意志　②現在推量　③完了　④打消

⑤断定　⑥過去伝聞　⑦過去

問7　文中の〈1〉から〈5〉のうち、「老尼」の会話のすべてを選べ。(5点)

問8　『無名草子』はいつの時代の成立であるか。次の中から適当なものを一つ選べ。(5点)

①平安時代　②鎌倉時代　③室町時代　④江戸時代

第10回 問題 QUESTION

評論『奥の細道』

解答時間
20分
目標得点
40 / 50点
学習日
／
解答頁
P.88

次の文章は、江戸時代の俳人松尾芭蕉の紀行文『奥の細道』の一節です。本文を読んで、後の問題に答えなさい。（学習院大学）

1 とかくして越え行くままに、阿武隈川《あぶくまがは》を渡る。左に会津根《あひづね》高く、右に磐城《いはき》・相馬《そうま》・三春《みはる》の庄。(注1)常陸・下野の地を(ア)さかひて、山つらなる。影沼といふ所を行くに、今日は空曇りて物影うつらず。須賀川《すかがわ》の駅に等躬《とうきゅう》といふ者を尋ねて、四五日とどめ(a)らる。まづ、「白河の関いかに越えつるや」と問ふ。「長途《ちょうと》の苦しみ、身心つかれ、かつは風景に魂うばはれ、懐旧に X を断ちて、はかばかしう思ひめぐらさず。

風流の初めや奥の田植歌

無下《むげ》に越えんもさすがに」と語れば、脇(注2)・第三と続けて、三巻となしぬ。

2 この宿の傍らに、大きなる栗の木陰をたのみて、世をいとふ僧あり。橡(注3)ひろふ深山もかくやとしづかに覚え(b)られて、ものに書き付け侍る。その詞、

栗といふ文字は西の木と書きて、西方 Y 土に便りありと、行基菩薩(注4)の一生杖にも柱にもこの木を用ゐ給ふとかや。

(1)世の人の見付けぬ花や軒の栗

10

3 等躬が宅を出でて五里ばかり、檜皮の宿(注5)を離れて、安積山《あさかやま》あり。道より近し。このあたり沼多し。かつみ(注6)刈る頃もやや近うなれば、「いづれの草を花かつみとは言ふぞ」と人々に尋ね侍れども、(イ)更に知る人なし。沼を尋ね、人に問ひ、かつみかつみと尋ねありきて、日は山の端にかかりぬ。二本松より、右に切れて、黒塚の岩屋(注7)一見し、福島に宿る。

4 あくれば、しのぶもぢ摺(注8)の石を尋ねて、信夫《しのぶ》の里に行く。遥か山陰の小里に石半ば土に埋もれてあり。里の童《わらべ》の来たりて教へける。「昔はこの山の上に侍りしを、往来の人の麦草をあらしてこの石を試み侍るを憎みて、この谷に突き落とせば、石の面《おもて》下ざまに伏したり」と言ふ。さもあるべき事にや。

(2)早苗とる手もとや昔しのぶ摺

(『奥の細道』より)

(注)
1 庄――かつての荘園の名を残す地。
2 脇・第三――第二句・第三句。
3 橡《とち》ひろふ深山《みやま》――芭蕉が思慕していた西行の歌「山深み岩にしただる水とめんかつがつ落つる橡拾ふほど」(『山家集』)による。「橡」は、とちのき科の落葉高木。
4 行基菩薩――奈良時代の僧。聖武天皇の帰依を受け、東大寺大仏の造営に尽力した。
5 檜皮《ひはだ》の宿《しゆく》――現在の福島県郡山市日和田町。
6 かつみ――あやめの一種。
7 黒塚の岩屋――安達が原の鬼女が住んでいたという岩屋。
8 しのぶもぢ摺《ずり》の石――奥州信夫郡に産する、乱れた模様を布に摺りつけるために用いられた石。

問1　傍線部(a)・(b)の助動詞の意味として最も適切なものを、次の中からそれぞれ一つ選べ。（4点×2）

①受身　②可能
③完了　④使役
⑤自発　⑥尊敬
⑦伝聞　⑧断定

問2　傍線部(ア)・(イ)の意味として最も適切なものをそれぞれ一つ選べ。（4点×2）

(ア)さかひて
①仰ぎ見て　②区切って　③連続して　④逆向きになって

(イ)更に
①再び　②全く　③新たに　④ますます

問3　空欄 X に入る最も適切な語を一つ選べ。あまりの悲しみに堪えられないことを意味する慣用的な表現である。（5点）

①肝《きも》　②腸《はらわた》　③胸　④髪

問4　空欄 Y に入る最も適切な漢字一字を書け。（5点）

（問5へ➡）

10

問5 傍線部(1)について、次の(Ⅰ)・(Ⅱ)の問いに答えよ。(5点×2)

(Ⅰ) これはどの季節をよんだ句か。正しい季節を次の中から一つ選べ。

①春　②夏　③秋　④冬

(Ⅱ)「花」にたとえられている人物は誰か。最も適切なものを一つ選べ。

①芭蕉　②等躬　③世の人　④世をいとふ僧

問6 傍線部(2)には、和歌や俳句でよく見る修辞法が使われている。その名称を次の中から一つ選べ。(5点)

①歌枕　②押韻　③掛詞　④枕詞

問7 本文の内容と合致しないものを一つ選べ。(5点)

①花かつみを探し歩いたが、見付けることはできなかった。

②等躬に対して、白河の関では風景に感動しなかったと答えた。

③村の子どもたちが、石の半分が土に埋もれている理由を語ってくれた。

④世俗を逃れて隠棲《いんせい》する僧からは、西行の暮らしぶりが思い浮かべられた。

問8 松尾芭蕉の作品を一つ選べ。(4点)

①おらが春　②薪花摘　③野ざらし紀行　④山の井

第11回 問題 QUESTION

物語『宇津保物語』

解答時間	20分
目標得点	40 / 50点
学習日	／
解答頁	P.96

次の文章は『宇津保物語』の一節である。三春高基《みはるたかもと》は大臣であったが並外れた倹約家であった。これを読んで、後の問いに答えなさい。

（中央大学）

1 (注1)小くて病して(注2)ほとほとしかりけるに、親大きなる(注3)願どもを立てたりけり。なくなりにける時に言ひおきけれど、かかる財《たから》の王にて果たさず。(1)その罪に恐しき病つきて、ほとほとしくいますかり。(注4)市女、祭り祓《はら》へせさせむとする時にのたまふ。「(2)あたらものを。わがために塵ばかりのわざすな。祓へすとも打撒《うちまき》に米《よね》いるべし。籾《もみ》にて種なさば多くなるべし。修法せむに五石いるべし。壇塗るに、土いるべし。土三寸の所より多くの物出《い》で来《く》」とてせさせたまはず。

2 かくて、臥《ふ》したまへるほどに、(注5)まうぼる物、日に橘《たちばな》一つ、湯水まうぼらず、「いたづらに多くの橘食ひつ。核《さね》一つに、木一樹《ひとき》なり。生ひ出でて多くの実なるべし。(3)いまは食はじ」とのたまふ。いささかなるものまうぼらで日頃経ぬ。「ここのにはあらで、橘一つ食はむ」とのたまふ。五月中の十日ごろの橘、これはなべてなし。この殿の御園にあり。みそかに市女とりて参る。大臣《おとど》、子、市女の腹に五つばかりにてあり。母を怨じて大臣に申す。「『(4)ここの橘をとりてなむ参りつると申さん』と言ひつれば、栗、米を包みてなむくれたる」

と言ふ。弱き御心地に胸つぶらはしきことを聞きたまひて物もおぼえたまはず。市女「いと人聞き悲し。このあこ、おのれと腹立ちて、(5)制したまふこととて申したまふになむ」と言ふ。業にやあらざりけむ、御病おこたりぬ。

3　かくて、市女の思ふほどに「高き人につきたれど、わが売り商ふものをこそ、わが身よりはじめて食ひ着れ。わがほどにあたらむ男をこそせめ」と思ひて(6)逃げ隠れぬ。市女のありて、(7)知らせでとかくせしにならひて、侍《さぶら》ひの人々、時々もの申しければ、大臣「朝廷《おほやけ》に仕うまつればこそ、人のなきも苦しけれ。畑を作りて、一人二人の下衆《げす》を使ひてあらむ」とて(8)位を返したてまつりたまひ、例なきことのたまふ。「つきなき身にて、高き位用ゐるべからず。山賤《やまがつ》らを従へて、田、畑を作らむ。この位を返したてまつりて、ひと国一つを賜はらむ」と申す。「さもいはれたり」とて、大臣の位をとどめられて美濃国《みののくに》を賜ひつ。

（『宇津保物語』より）

（注）
1　小《ちひさ》くて病して――高基は幼少期に大病をして。
2　ほとほとしかりけるに――命が危うかったので。
3　願ども――神仏に対するたくさんのお願い。
4　市女《いちめ》――高基が妻にしている商人の女。
5　まうぼる――召し上がる。

問1　傍線部(1)「その罪」の内容として、最も適当なものを左の中から選びなさい。（7点）

Ⓐ 親が大きな願かけをしていたことを知っていたのに、なくなるまでそれをかなえなかったこと
Ⓑ 自分の命と引き替えに高基の命を救った親なのに、大臣になった今日まで供養をしなかったこと
Ⓒ 親が神仏に祈ったおかげで資産家になったのに、自分ではお祭りやお祓いをしようとしなかったこと
Ⓓ 子どものころに神仏のおかげで命が助かったのに、大金持ちになった後でも御礼をしなかったこと
Ⓔ 妻が高基の病気の治癒を神仏に祈願しようとしているのに、お供え物をしようとしなかったこと

問2　傍線部(2)(3)(5)の解釈として、最も適当なものを左の各群の中から選びなさい。（4点×3）

(2) あたらものを
Ⓐ もったいないなあ　　Ⓑ 馬鹿げたことだ
Ⓒ 大事なものを　　Ⓓ 罰当たりめ

(3) いまは食はじ
Ⓐ 後で食べよう　　Ⓑ もう食べないよ
Ⓒ いずれ食べるかも　　Ⓓ 今は食べないだろう

(5) 制したまふこと
Ⓐ 朝廷が制定なさったこと　　Ⓑ 自分で抑制なさったこと
Ⓒ 母親が制止なさったこと　　Ⓓ 大臣が禁止なさったこと

（問3へ⬅）

問3 傍線部(4)「ここの橘をとりてなむ参りつると申さん」の口語訳として、最も適当なものを選びなさい。(6点)

Ⓐぼくがうちの園の橘の実をとってお父さんに食べさせたと、申し上げておこう
Ⓑお母さんがうちの園の橘の実をとって食べさせたのだと、お父さんに告げ口しよう
Ⓒお父さんはよその園の橘を召し上がったのだと、お母さんはおっしゃることでしょう
Ⓓうちの園のたくさんの橘の実を、お母さんがとって召し上がったとお父さんに言いつけよう
Ⓔぼくは、よその園の橘の実をお父さんが召し上がったのだと、うそをつきました

問4 傍線部(6)「逃げ隠れぬ」とあるが、そうした理由として最も適当なものを選びなさい。(6点)

Ⓐ大臣との結婚生活にいろいろと不満がたまっていたところ、同じくらいの身分の男性と出会ってしまったから。

Ⓑ使用人たちの世話を普通にしているのに、不平不満を大臣に告げ口されて妻としての立場がなくなったから。

Ⓒ大臣に養ってもらえない上に、自分が商売をした利益でみんなを養っているので結婚している意味がないから。

Ⓓ折角大臣の地位にありながら、つまらないことを理由に辞職を申し出る夫の気持ちがわからなくなったから。

Ⓔ大臣の極端な性格に加えて、だんだん子どもが意地悪になってゆく家庭の中で生きていく自信を失なったから。

問5 傍線部(7)「知らせでとかくせし」の説明として、最も適当なものを左の中から選びなさい。(6点)

Ⓐ大臣が市女に知らせないようにして、いろいろと金品をため込んでいたこと
Ⓑ大臣が使用人たちに知らせないで、いろいろな報酬を支払っていなかったこと
Ⓒ市女が大臣からだと知らせないで、使用人たちにあれこれと物を与えていたこと
Ⓓ市女が大臣に知らせないようにして、あれこれと使用人たちの世話をしていたこと

問6　傍線部(8)「位を返したてまつりたまひ」とあるが、その理由として最も適切なものを選びなさい。(8点)

Ⓐ高い位についていると出費がたいへん大きいので、それが精神的な負担であるから。

Ⓑ身分の高い大臣には俸給が出ないので、辞職して商売をした方が得だと割り切ったから。

Ⓒ人望も才能もない自分が、大臣のような高い位についているのは不適切だと思ったから。

Ⓓ贅沢な貴族の生活になじめなかったので、田畑をつくる農民になってしまいたかったから。

Ⓔ病気になったことで、人生において大事なことは、身分よりも心の豊かさだとわかったから。

問7　『宇津保物語』と同ジャンル同時代の作品を次の中から選びなさい。(5点)

Ⓐ栄花物語　Ⓑ曾我物語　Ⓒ今昔物語
Ⓓ雨月物語　Ⓔ狭衣物語　Ⓕ保元物語

第12問題 QUESTION

物語『浜松中納言物語』

次の文章はともに『浜松中納言物語』の「巻第四」の一節で、帝から皇女との結婚を持ちかけられていた中納言が、自らの意思を中将の内侍に伝える場面である。これを読んで、後の問に答えなさい。

（関西学院大学）

めでたかるべきこと、いとあいなく思して、（注1）月の行方たづねし中将の内侍は内の御方にもかけてさぶらふ人なれば、物語のついでに、「（注2）唐土にてかしこかりし（注3）相人どもの、『二十四、五、六過ぐさむことなむ、いみじうかたげなり』とあまた言ひし折に、みづからの心にも、昔より世にあるべき人は(1)かくはあらじものを、(2)すずろに心の浮かびたるやう(a)なるはと思ひわたりはべりしに、（注4）相しおほせられぬる心地して、いみじうもの心細うおぼえはべれば、三、四、五年がほどは、行ひより他のことなくて試みむ、(3)そのほど過ぎなば、世にあるべきと思ひしづまりて、その折に、ともかくも身をば思ひ定めむ、と思ひはべりつつ、さるべき人々、内々（注5）気色ばむことども多くはべれど、聞き過ぐしのみしはべるを、身に余るばかりかしこき御気色を、限りなく承るも、それよりこなたは、さやうに馴れつかうまつらむも、いみじう憚《はばか》られAはべれば、そのほどは（注6）宮人になさせおはしまして、朝夕の宮仕へを怠らずつとめつかまつらむほどに、世にありなしの命の際は見えはべりなむかし」などのたまふを、限りなく思ひ定め給ふ(b)なる、（注7）海人の苦屋より他のことは、また心あら

解答時間
20分
目標得点
40 / 50点
学習日
／
解答頁
P.104

じとなんめりかしと(4)心得るも、推し量り(5)心にくう、いかばかりものし給ふにかあらむ、世をそむき変はれる有様ながら、なほ横目せじとばかり、かたじけなき御ことをば省き捨て給ふめる(6)めざましさよ、とおぼえて、

いかなれや(7)浦島にのみ波かけて(8)高瀬の浜に寄らじとはする

と言ふを、うち笑ひて、まめやかに心細き身の憂《うれ》へを聞こゆれば、さもあさましうと恨みて、

(9)長浜や長き心を思ふまにあやぶみかくる波の高瀬を

など答へてあかれぬ。

（『浜松中納言物語』より）

（注）
1　月の行方たづねし中将の内侍――かつて中納言に「月の行く雲居をさして〜」と歌を詠みかけたことのある女房。中宮付きであったが、帝のところにも伺候していた。
2　唐土《もろこし》――中国。中納言は中国に渡っていたことがある。
3　相人《さうにん》ども――人相などから運勢を占う者たち。
4　相しおほせられぬる心地――すべて言い当てられてしまった感じ。
5　気色ばむこと――縁談をほのめかすこと。
6　宮人――ここでは皇女に奉仕する人を意味する。
7　海人《あま》の苫屋《とまや》――漁師の住む粗末な小屋の意であるが、「海人」には「尼」がかけられている。中納言はすでに出家をとげてしまった義妹に恋心を抱きつつ、夫のような立場で大切に世話をしていた。その義妹がここでいう「尼」である。

12

問1　傍線部(1)「かくはあらじものを」の解釈として最も適当なものを一つ選べ。(5点)

㋑二十代後半までは生きられないだろうに
㋺中国で占い師に会おうとはしないだろうに
㋩心が浮つくことはないだろうに
㊁運命を言い当てられることはないだろうに
㋭仏道修行のほかは何もしないだろうに

問2　傍線部(2)、(5)、(6)の意味として最も適当なものをそれぞれ一つずつ選べ。(5点×3)

(2)「すずろに」
㋑どんな時でも　㋺徐々に　㋩なんとなく
㊁ほんの少し　㋭生まれつき

(5)「心にくう」
㋑残念で　㋺心配で　㋩疑わしくて
㊁頼もしくて　㋭心ひかれて

(6)「めざましさよ」
㋑慎み深いことよ　㋺気にくわないことよ　㋩堂々としていることよ
㊁嫉妬深いことよ　㋭たぐいまれであることよ

問3　傍線部(3)「そのほど過ぎなば、世にあるべき」の現代語訳として最も適当なものを一つ選べ。（5点）

(イ) その期間が過ぎないうちは、出世できないということがあろうか、そんなはずはない
(ロ) その期間が過ぎたので、出世できるだろう
(ハ) その期間が過ぎないので、出家するわけにはいかない
(ニ) その期間が過ぎたなら、出家しなければならないのか
(ホ) その期間が過ぎたなら、世の中で生きていけるだろう
(ヘ) その期間が過ぎないうちは、世の中で生きていけないということがあろうか、そんなはずはない

問4　傍線部(4)「心得るも」の主語として最も適当なものを一つ選べ。（5点）

(イ) 中納言　(ロ) 中将の内侍　(ハ) 女君（中納言の義妹）
(ニ) 帝　(ホ) 世間の人々

問5　傍線部(7)「浦島」、(8)「高瀬の浜」はそれぞれ何を指しているか、その説明として最も適当なものを一つ選べ。（7点）

(イ)「浦島」は相人による占いを指しており、「高瀬の浜」は男女の逢瀬を指している。
(ロ)「浦島」は長生きすることを指しており、「高瀬の浜」は宮仕えをすることを指している。
(ハ)「浦島」は数々の縁談を指しており、「高瀬の浜」は仏道修行を指している。
(ニ)「浦島」は中納言を指しており、「高瀬の浜」は中将の内侍を指している。
(ホ)「浦島」は中納言の義妹を指しており、「高瀬の浜」は皇女を指している。

（問6へ ⬅）

12

問6 傍線部(9)「長浜や長き心を思ふまにあやぶみかくる波の高瀬を」という和歌についての説明として最も適当なものを一つ選べ。(7点)

㋑中納言が詠んだ和歌であり、予言の信憑性を中将の内侍に吟味してもらおうとする意図がこめられている。

㋺中納言が詠んだ和歌であり、皇女に対する自分の忠誠心を疑う中将の内侍を責める意図がこめられている。

㋩中納言が詠んだ和歌であり、結婚の決意が固まるまで待ってほしいと帝に懇願する意図がこめられている。

㊁中将の内侍が詠んだ和歌であり、早くから中納言をひいきしてきた帝に反発する意図がこめられている。

㋭中将の内侍が詠んだ和歌であり、不吉な予言を恐れ続ける中納言に同情する意図がこめられている。

㋬中将の内侍が詠んだ和歌であり、いつまでも尼に愛情を注ぐ中納言をあてこする意図がこめられている。

問7 『浜松中納言物語』より以前に成立した作品を次の中から**二つ**選べ。(3点×2)

㋑新古今和歌集　㋺源氏物語　㋩保元物語　㊁宇治拾遺物語
㋭増鏡　㋬発心集　㋣大和物語

第13回 問題 QUESTION

小説『雨月物語』

解答時間	20分
目標得点	40／50点
学習日	／
解答頁	P.112

次の文章を読んで、後の設問に答えよ。

（防衛大学校）

【これまでのあらすじ】京都から遠く離れた紀伊国（和歌山県）熊野の裕福な網元の次男として生まれた豊雄は、都風の風流を好み、家業を厭う人物だった。ある日雨宿りをしていると、珍しい都風の美女真女子と出会った豊雄は、傘を貸してこれを口実に、翌日真女子の家を訪ね、歓待される——。

1　客《まらうど》も主《あるじ》もともに酔《ゑひ》ごこちなるとき、真女子《まなご》杯をあげて、豊雄にむかひ、花精妙桜（注1）が枝の水にうつろひなす面《おもて》に、春吹く風をあやなし、梢《こずゑ》たちぐく（注2）鶯の、艶（注3）ある声していひ出づるは、「面なき（注4）ことのいはで病《や》みなんも、いづれ（注5）の神になき名負《おふ》すらんかし。(イ)努徒《ゆめあだ》なる言《こと》にな聞き給ひそ。故《もと》は都の生《うまれ》なるが、父にも母にもはやう離《わか》れまゐらせて、(a)乳母の許《もと》に成長《ひととな》りしを、此の国の受領（注6）の下司県《あがた》の何某《なにがし》に迎へられて伴《ともな》ひ下《くだ》りしははやく三とせになりぬ。夫《つま》は任《にん》はてぬ此の春、かりそめの病に死し給ひしかば、便なき身とはなり侍る。都の乳母も尼になりて、行方《ゆくへ》なき修行に出でしと聞けば、彼方《かなた》も又しらぬ国とはなりぬるを(1)あはれみ給へ。きのふの雨のやどりの御恵《めぐ》みに、信《まこと》ある御方にこそとおもふ物から、今より後の齢《よはひ》をもて御宮仕（注7）へし奉らばやと願ふを、(ロ)汚き物に捨て給はずば、此の一杯《ひとつぎ》に千とせの契をはじめなん」といふ。豊雄、もとよりかかるをこそと乱《みだれ》心なる思ひ妻なれば、塒《ねぐら》の鳥の飛び立つばかりには思へど、おのが世ならぬ身を顧みれば、親兄弟《はらから》のゆるしなき事をと、かつ喜《うれ》しみ、且《かつ》恐れみて、頓《とみ》に答ふべき詞なきを、真女子わびしがりて、「女の浅き心より、鳴呼《をこ》なる事をいひ出でて、帰るべき道なきこそ面《おも》なけれ。かう浅ましき身を海にも没《い》らで、人の御心を煩《わづら》はし奉るは罪深きこと。今の詞は徒《あだ》ならねども、(2)只酔ごこちの狂言(注8)におぼしとりて、ここの海に捨て給へかし」といふ。

2 豊雄、「はじめより都人の、(b)貴なる御方とは見奉るこそ賢かりき。鯨よる浜に生立《おひた》ち身の、かく喜《うれ》しきことといつかは聞ゆべき。即《やが》ての御答もせぬは、親兄に仕ふる身の、おのが物とては爪髪《つめかみ》の外なし。何を、禄(注9)に迎へまゐらせん便もなければ、身の徳なきをくゆるばかりなり。何事をもおぼし耐へ給はば、いかにもいかにも後見《うしろみ》し奉らん。孔子(注10)さへ倒るる恋の山には、孝をも身をも忘れて」といへば、「いと喜しき御心を聞きまゐらするうへは、貧しくとも時々《をりをり》ここに住ませ給へ。ここに前《さき》の夫《つま》の二つなき宝にめで給ふ、帯(注11)あり。これ常に帯《は》かせ給へ」とてあたふるを見れば、金銀《きがねしろがね》を飾《かざ》りたる太刀(3)のあやしきまで鍛《きた》うたる古代の物なりける。物のはじめに(ハ)辞《いな》みなんは祥《さが》あしければとて、とりて納む。「今夜はここに明させ給へ」とて、あながちにとどむれど、「(ニ)まだ赦《ゆるし》なき旅寝は、親の罪し給はん。明の夜よく偽りて詣でなん」とて出でぬ。

（『雨月物語』蛇性の婬より）

（注）

1 花精妙《はなぐはし》――「桜」の枕詞。

2 たちぐく――立ちくぐる、飛びまわる。

3 艶《にほひ》ある声――美しい声。

4 面《おも》なきこと――恥ずかしいこと。

5 いづれの神になき名負すらんかし――神のたたりだと何も知らない神にまで無実の罪をきせることになるであろう。

6 受領《じゆりやう》の下司《したづかさ》――国守の下役人。

7 御宮仕《づか》へ――妻として傍にお仕えする。

8 狂言《まがこと》――冗談。

9 禄《ろく》――結納。結婚費用。

10 孔子《くし》――儒教の創始者。

11 帯《おび》――帯びるもの。太刀。

問1　傍線部(1)のように、真女子が豊雄に憐れんでほしいと言っているのは、真女子のどういう状況か。その説明として最も不適当なものを一つ選べ。(5点)

① 恋の思いをうちあけないうちに病気になったこと。
② 両親をともに早く失い乳母の手で育てられたこと。
③ 故郷を離れた任地で夫が病気で死んでしまったこと。
④ 未亡人になって頼りにできる人間がいなくなったこと。
⑤ 故郷の京も知り合いのいない国になってしまったこと。

問2　傍線部(2)のように、真女子が告白を冗談として受け取ってくれと言った結果、豊雄はどういう気持ちから求愛の返事をしたのか。豊雄の言動を根拠とした説明として最も適当なものを一つ選べ。(5点)

① 真女子の告白が浮ついた気持ちからのものではないことがわかったから。
② 真女子から告白させてしまい、その体面を傷つけてしまったと思ったから。
③ 真女子を失ったら、都の女と出会う機会は二度とないと豊雄は思ったから。
④ 豊雄が躊躇して求愛を受け入れないと真女子は死んでしまうと思ったから。
⑤ 心から自分が慕う真女子が、わびしがっている様子に心を動かされたから。

問3　傍線部(3)「の」と同じ意味の「の」を含む文は次のどれか。次の中から一つ選べ。（5点）

① 人の心の秋にはあらずとも、菊の色こきはけふのみかは。
② 万葉集に人らぬ古き歌、みづからのをも奉らしめ給はむ。
③ 秋の田のかりほの庵の苫をあらみ我が衣手は露にぬれつつ
④ ひだりまへなる人の何事にこころまどひしては、竈《かまど》をつきかへ、
⑤ むかしくすりあきなふ人の医者かねたるが、世におほくありけり。

問4
(一) 二重傍線部(a)「乳母」、(b)「貴」の読みを、(a)は平仮名三文字、(b)は平仮名二文字でそれぞれ記せ。（3点×2）
(二) 波線部(イ)～(ハ)をそれぞれ現代語訳せよ。（5点×3）
(イ) 努徒なる言にな聞き給ひそ。
(ロ) 汚き物に捨て給はずば、
(ハ) 辞みなんは祥あしければとて、
(三) 波線部(ニ)のように、親の許可を得ていないので外泊を断った豊雄の言葉と全く矛盾する言葉を、本文第二段落から十字以内（句読点を含む）で抜き出して示せ。また、そのように豊雄の考えが揺れる原因を示す最も適当な箇所を、本文第一段落から八字以内で抜き出して示せ。（5点×2）

問5　『雨月物語』以外の上田秋成の作品を一つあげよ。（4点）

13

第14 問題 QUESTION

物語『源氏物語』―桐壺―

解答時間
20分
目標得点
40／50点
学習日
／
解答頁
P.122

左の文章は、光源氏の生母、桐壺更衣の死後、靫負命婦《ゆげいのみょうぶ》が桐壺帝の勅使として光源氏を養育している故大納言の妻（桐壺更衣の母）の邸を訪ねた場面の一節である。これを読んで後の設問に答えよ。

（立教大学）

1 「命長さの、いとつらう思ひたまへ知らるるに、松（注1）の思はむことだに、恥かしう思ひたまへはべれば、ももしき（注2）に行きかひはべらむことは、まして、いと憚《はばか》り多くなむ。かしこき仰せ言を、たびたびうけたまはりながら、みづからは(1)えなむ思ひたまへたつまじき。若宮（注3）は、いかに思ほし知るにか、参りたまはむことをのみなむ、(イ)思し急ぐめれば、ことわりに、(2)悲しう見たてまつりはべるなど、うちうちに、思ひたまふるさまを奏したまへ。ゆゆしき身にはべれば、かくておはしますも、(3)いまいましう、かたじけなくなむ」とのたまふ。

2 宮は大殿籠りにけり。「見たてまつりて、くはしう御《み》ありさまも奏しはべらまほしきを、(ロ)待ちおはしますらむに。夜更けはべりぬべし」とて急ぐ。

3 「くれまどふ心の闇（注4）もたへがたき片はしをだに、晴るくばかりに聞こえまほしうはべるを、(4)私にも心のどかにまかでたまへ。年ごろ、うれしく面だたしきついでにて、(ハ)立ち寄りたまひしものを、かかる御消息にて見たてまつる、かへすがへすつれなき命にもはべるかな。(5)生まれし時より思ふ心ありし人にて、故大納言、いまはとなるまで、ただ、『この人の宮仕への本意、かならず遂げさせたてまつれ。我亡くなりぬとて、口惜しう(6)思ひくづほるな』と、かへすがへす諫めおか(a)れはべりしかば、はかばかしう後見《うしろみ》思ふ人もなき交《まじ》らひは、(7)なかなかなるべきことと思ひたまへながら、ただかの遺言を違《たが》へじとばかりに、出だしたてはべりしを、身にあまるまでの御心ざしの、よろづにかたじけなきに、(8)人げなき恥を隠しつつ、(ニ)交らひたまふめりつるを、人のそねみ深くつもり、安からぬこと多くなり添ひはべりつるに、よこさまなるやうにて、遂にかくなりはべりぬれば、かへりてはつらくなむ、かしこき御心ざしを思ひたまへ(b)られはべる。これも(9)わりなき心の闇になむ」と言ひもやらず、むせかへりたまふほどに、夜も更けぬ。

（『源氏物語』桐壺より）

（注）
1　松の思はむこと――「いかでなほありと知らせじ高砂の松の思はむことも恥づかし」（『古今和歌六帖』）を踏まえた表現で、長寿の松に自分がまだ生きているのかと思われることとの意。
2　ももしき――宮中の意。
3　若宮――光源氏を指す。
4　心の闇――亡き娘を思う親の心の闇をいう。「人の親の心は闇にあらねども子を思ふ道にまどひぬるかな」（『後撰和歌集』）を踏まえた表現。

14

問1　波線部の現代語訳を七字以内で記せ。（4点）

問2　傍線部(1)の現代語訳として最も適当なもの一つを、左記各項の中から選び、番号で答えよ。（4点）

①とても愛情を断ち切ってしまえそうにもありません
②とても縁を切るような気になれそうにもありません
③とても参内を決意する気になれそうにもありません
④とても出家するような気になれそうにもありません
⑤とてもずっと思い悩んでいられそうにもありません

問3　傍線部(2)について。なぜ悲しく思うのか。その理由として最も適当なもの一つを、左記各項の中から選び、番号で答えよ。（4点）

①桐壺帝の愛情がこのまま続くとは思えないから。
②嫉妬深い宮中に若宮を住まわせることになるから。
③娘の桐壺更衣の死が改めて思い出されるから。
④若宮が宮中に行くと、別れることになるから。
⑤若宮に対する批判が宮中にうずまきそうだから。

問4　傍線部(3)の解釈として最も適当なもの一つを、左記各項の中から選び、番号で答えよ。（4点）

①縁起でもないさま　②おそれ多いさま　③恐ろしいさま
④残念であるさま　⑤並々でないさま

問5　傍線部(4)の現代語訳として最も適当なもの一つを、左記各項の中から選び、番号で答えよ。（4点）

①私たちにもゆっくりとお話しください
②私どもの所からゆっくりお帰りください
③私邸の方にもゆっくりとお越しください
④お一人でゆったりとお暮らしください
⑤帝の使者ではなくゆっくりとお出かけください

問6　傍線部(5)について。何を思い願っていたのか、それを示す語句を本文中から抜き出し、三字以内で記せ。（4点）

問7　傍線部(6)の現代語訳として最も適当なもの一つを、左記各項の中から選び、番号で答えよ。（4点）

①劣っていると思ってはいけない
②思い上がってはいけない
③考え違いをしてはいけない
④気をもんではいけない
⑤志を捨ててはいけない

問8　傍線部(7)の現代語訳として最も適当なもの一つを、左記各項の中から選び、番号で答えよ。（4点）

①いかにも大切であるはずのこと
②むしろしない方がましに違いないこと
③中途半端な状態であると思われること
④かえって積極的に行う方がよいこと
⑤容易にはできそうにないこと

（問9へ➡）

問9　傍線部(8)の現代語訳として最も適当なもの一つを、左記各項の中から選び、番号で答えよ。（4点）

①まったく大人らしくない　②一人前の扱いをされない　③妻らしく振る舞えない
④人気のない所で寂しく暮す　⑤世間から疎まれている

問10　傍線部(9)の解釈として最も適当なもの一つを、左記各項の中から選び、番号で答えよ。（4点）

①あってはならないさま　②心細そうであるさま　③愚かであるさま
④理性を失ったさま　⑤程度がはなはだしいさま

問11　二重傍線部(イ)〜(ニ)はそれぞれ誰の動作・行為か。左記各項の中から最も適当なものを一つずつ選び、番号で答えよ。ただし、同じ番号を何度用いてもよい。（1点×4）

①桐壺帝　②桐壺更衣　③光源氏（若宮）
④故大納言　⑤故大納言の妻　⑥靫負命婦

問12　傍線部(a)・(b)の文法上の意味は何か。左記各項の中から最も適当なものを一つずつ選び、番号で答えよ。ただし、同じ番号を二度以上用いてもよい。（2点×2）

①自発　②受身　③可能　④尊敬

問13　『源氏物語』以前に成立した作品を次の中から**二つ**選び、記号で答えよ。（1点×2）

(イ)更級日記　(ロ)蜻蛉日記　(ハ)浜松中納言物語
(ニ)大和物語　(ホ)夜半の寝覚　(ヘ)とはずがたり

第15回 問題 QUESTION

物語『源氏物語』―少女―

解答時間	目標得点	学習日	解答頁
20分	40 / 50点	／	P.130

次の文章は『源氏物語』の一節である、夕霧（冠者《かざ》の君・男君）と幼なじみでいとこの雲居雁は、ともに恋心を抱くようになるが、雲居雁の父内大臣に知られて仲を引き裂かれる。雲居雁は祖母大宮のもとに住んでいたが、内大臣邸に引き取られることになった。夕霧は大宮邸を訪れる。これを読んで後の問に答えよ。

（上智大学）

1 冠者の君（注1）、物のうしろに入りゐて見たまふに、(1)人の咎《とが》めむも、よろしき時こそ苦しかりけれ、いと心細くて、涙おし拭《のご》ひつつおはするけしきを、（夕霧の）御乳母いと心苦しう見て、宮（注2）とかく聞こえたばかりて、夕まぐれの人のまよひに対面せさせたまへり。

2 Pかたみにもの恥づかしく胸つぶれて、ものも言はで泣きたまふ。「大臣（注3）の御心のいとつらければ、さはれ、思ひやみなんと思へど、恋しう(ア)おはせむこそわりなかるべけれ。Qなどて、すこし隙《ひま》ありぬべかりつる日ごろ、よそに隔てつらむ」とのたまふさまも、いと若うあはれげなれば、「まろも、さこそはあらめ」と(イ)のたまふ。「恋しとは思しなんや」と(ウ)のたまへば、すこしうなづきたまふさまも幼げなり。

3 御殿油《おほとなぶら》まゐり、殿まかでたまふけはひ、こちたく追ひののしる御前駆《さき》の声に、人々、「そそや」など怖ぢ騒げば、いと恐ろしと思してわななきたまふ。さも(2)騒がればと、ひたぶる心に、ゆるしきこえ(エ)たまはず。（雲居雁の）御乳母参りてもとめたてまつるに、気色を見て、「あな心づきなや。げに、(3)宮知らせたまはぬことにはあらざりけり」と思ふにいとつらく、「いでや、うかりける世かな。殿の思しのたまふことはさらにも聞こえず、大納言殿(注4)にもいかに聞かせたまはん。めでたくとも、(4)もののはじめの六位宿世よ」とつぶやくもほの聞こゆ。ただこの屏風のうしろに尋ね来て嘆くなりけり。男君、我をば位なしとてはしたなむるなりけりと思すに、世の中恨めしければ、あはれもすこしさむる心地してめざまし。「かれ聞きたまへ、

(5)くれなゐの涙にふかき袖の色をあさみどり(注5)とや言ひしをるべき

恥づかし」とのたまへば、

(6)いろいろに身のうきほどの知らるるはいかに染めける中の衣ぞ

とものたまひはてぬに、殿入りたまへば、わりなくて渡りたまひぬ。

（『源氏物語』少女より）

（注）
1 冠者の君――光源氏の子、夕霧。元服したばかりなのでこのように呼ぶ。この時十二歳。
2 宮――大宮。
3 大臣――内大臣（本文中の「殿」も同じ）。
4 大納言殿――雲居雁の継父。
5 あさみどり――六位の人が着る袍《ほう》の色。

問1　傍線部(1)「人の咎めむも、よろしき時こそ苦しかりけれ、いと心細くて」とはどういうことか。次の中から最も適切なものを一つ選べ。（5点）

ⓐ人に見咎められるのも、二人の関係が良好であればあるほどつらく感じたが、今となっては心細さで人に見咎められてもかまわないということ。

ⓑ人に見咎められるのも、二人の仲があまりうまくいっていない時はつらかったが、別れを控え心を通わせた今はひたすら心細いということ。

ⓒ人に見咎められてつらいと思うのは雲居雁と逢うあてのある普通の時の話で、もう逢えないとなると心細くてたまらないということ。

ⓓ人に見咎められてつらさを感じるのはまだ夕霧が幼くて人々に許されていた時の話で、元服した今は心細さしか感じないということ。

問2　二重傍線部P「かたみに」の意味として最も適切なものを一つ選べ。（5点）

ⓐ別れの記念に　ⓑおたがいに　ⓒ緊張して　ⓓ遠慮して

問3　波線部(ア)～(エ)の敬意の対象として最も適切なものを次の中からそれぞれ一つ選べ。（重複選択可）（1点×4）

ⓐ夕霧　ⓑ雲居雁　ⓒ内大臣　ⓓ大宮

問4　二重傍線部Qにある「隙」の意味として最も適切なものを一つ選べ。（5点）

ⓐ心の余裕　ⓑ心の隔て　ⓒ逢う時間　ⓓ逢う機会

（問5へ⬅）

問5　傍線部(2)「騒がれば」の意味として最も適切なものを一つ選べ。（5点）

ⓐ騒がれるので、もうどうしようもない。

ⓑ騒がれるなら、それはそれでかまいはしない。

ⓒ騒ぎなさるので、このまま手放すことはできない。

ⓓ騒ぎなさるなら、どうしたらいいのか。

問6　傍線部(3)「宮知らせたまはぬことにはあらざりけり」とあるが、雲居雁の乳母は何がわかったのか。次の中から最も適切なものを一つ選べ。（5点）

ⓐ大宮に二人の仲を知らせるべきであったということ。

ⓑ大宮に二人の仲を知らせてはいけなかったということ。

ⓒ大宮は二人の仲を知っていたということ。

ⓓ大宮は二人の仲を知らなかったということ。

問7　傍線部(4)「もののはじめの六位宿世よ」からわかる雲居雁の乳母の心情として、最も適切なものを一つ選べ。（5点）

ⓐ六位という低い身分から順々に出世していかなければならない夕霧に同情する気持ち。

ⓑ元服したばかりなので六位でも仕方がないとあきらめる気持ち。

ⓒ光源氏の子なのに六位にしかなれなかった夕霧をあざける気持ち。

ⓓ雲居雁の結婚相手が六位という低い身分であることが許せない気持ち。

問8　傍線部(5)の和歌の説明として適切でないものを一つ選べ。（6点）

ⓐ「くれなゐの涙」は、雲居雁を思って流す血の涙のことである。
ⓑ「あさみどり」色は「くれなゐ」色にまさっていると詠んでいる。
ⓒ乳母に対する反発の気持ちが含まれている。
ⓓ雲居雁に同意を求める歌である。

問9　傍線部(6)の和歌の説明として適切でないものを一つ選べ。（6点）

ⓐ我が身の悲運と先の見えない二人の仲を嘆いている。
ⓑ「いろいろに」は、夕霧の歌の「くれなゐ」「あさみどり」に応じたものである。
ⓒ「いろいろ」、「うき」、「染め」、「中の衣」は縁語である。
ⓓ「中の衣」は男女の仲も意味している。

問10　『源氏物語』以降に成立した勅撰和歌集を次の中から**二つ**選び、記号で答えよ。（2点×2）

㋑古今和歌集　㋺万葉集　㋩新古今和歌集
㊁千載和歌集　㋭山家集　㋬後撰和歌集

【読んでおきたい!! ジャンル別入試頻出作品ベスト5】

ジャンル	順位	作品名	作者・著者	成立	種類
説話	1	今昔《こんじゃく》物語集	未詳	平安	世俗
	2	十訓抄《じっきんしょう》	未詳	鎌倉	世俗
	3	宇治拾遺《うじしゅうい》物語	未詳	鎌倉	世俗
	4	沙石集《しゃせきしゅう》	無住《むじゅう》	鎌倉	仏教
	5	発心集《ほっしんしゅう》	鴨長明《かものちょうめい》	鎌倉	仏教
物語	1	源氏《げんじ》物語	紫式部《むらさきしきぶ》	平安	その他
	2	今鏡《いまかがみ》	藤原為経？	平安	歴史物語
	3	浜松中納言《はままつちゅうなごん》物語	菅原孝標女？	平安	その他
	4	大和《やまと》物語	未詳	平安	歌物語
	5	宇津保《うつほ》物語	源順《したごう》？	平安	その他

ジャンル	順位	作品名	作者・著者	成立	種類
日記	1	蜻蛉《かげろう》日記	藤原道綱母《みちつなのはは》	平安	―
	2	とはずがたり	後深草院二条	鎌倉	―
	3	和泉式部《いずみしきぶ》日記	和泉《いずみ》式部	平安	―
	4	更級《さらしな》日記	菅原孝標女《すがわらのたかすえのむすめ》	平安	―
	5	讃岐典侍《さぬきのすけ》日記	藤原長子《ちょうし》	平安	―
随筆（評論）	1	枕草子《まくらのそうし》	清少納言《せいしょうなごん》	平安	随筆
	2	俊頼髄脳《としよりずいのう》	源俊頼	平安	評論
	3	無名抄《むみょうしょう》	鴨長明	鎌倉	評論
	4	無名草子《むみょうぞうし》	藤原俊成女？	鎌倉	評論
	5	玉勝間《たまかつま》	本居宣長《もとおりのりなが》	江戸	評論

※大学入試問題約１０００回分（主要28大学の各学部×10年分）の出典を集計。詳細は『レベル②』を参照。
※これらの作品は入試頻出です。特に私大文系を目指す人は、最低限「概要」だけでも把握しておきましょう。出題されたときに非常に有利になります。